BIBLIOTHÈQUE ORIGINALE

BÉRANGER
ET SON TEMPS

PAR

JULES JANIN

Frontispice avec portrait à l'eau-forte de Staal

TOME SECOND.

PARIS
CHEZ RENÉ PINCEBOURDE, ÉDITEUR
A LA LIBRAIRIE RICHELIEU
RUE RICHELIEU, 78

MDCCCLXVI

BÉRANGER

ET SON TEMPS

TIRAGE A PETIT NOMBRE :

2 exemplaires sur peau de vélin			fr.
20 »	papier de Chine	10
20 » . »	chamois	6

Chacun de ces exemplaires contient trois épreuves différentes de l'*eau-forte*, et est numéroté.

DON JUAN
L'ANE MORT
LE CHEMIN
CONTES
LA RELIGIEUSE
C'LARE
BANAVE

Chatain Imp.

René Pincebourde, Editeur

BÉRANGER

ET SON TEMPS

TROISIÈME PARTIE.

Trois ans après la révolution de juillet, ce brave homme, éprouvé par tant d'épreuves, n'était pas encore éligible, il n'était pas même électeur. Or, ce Béranger, qui n'est pas *éligible*, et qui n'est pas même *électeur*, deviendra, sans le vouloir, un des plus irréfutables arguments de ceux qui déjà criaient : « Réforme! réforme! » En ce moment, qui l'eût dit? Béranger avait accompli tout son rêve : « Un morceau de pain pour ses vieux jours. » *Un morceau de pain,* vous l'entendez? Le voilà content désormais. Voilà sa fortune, et voilà le repos dont il est l'artisan ; il n'en demande pas davantage ; tant pis si l'on s'obstine à le placer au rang des esprits chagrins ou désappointés.

Celui qui désire assez! telle était la définition du sage aux temps anciens. Béranger était un sage de cette école, exactement. Quand il eut presque assez, il cessa de rien désirer pour lui-même. Le voilà désormais riche; il reste affable, heureux, de bonne humeur; il est au-dessus, de cinq cents brasses, des duchés et des royaumes; retranché dans sa pauvreté, il est inviolable. Où donc trouvera-t-il le bonheur, s'il ne le trouve pas en soi-même? A quoi bon les vastes espérances et les ambitieuses visées, puisqu'il sait se renfermer dans le plus petit espace (1)?

Enfin, de quoi s'agit-il en ce bas monde? Il s'agit de savoir non pas si l'on est riche, mais si l'on est content; il s'agit de mener une vie exempte de peines, et de la remplir de sentiments agréables. Arrivons, mes amis, non pas seulement au bien

(1)   *Spatio brevi*
         Spem longa reseces.
                    (HORACE.)

agréable, mais au bien honnête, au bien
sérieux; vivons honorablement, de façon
à ce que le lecteur s'en souvienne très-
bien. Un vieux poëte, appelé Lamotte, a
dit ces choses-là :

Heureux, grands dieux, si de votre bonté
J'obtiens le bien que je désire,
Un cœur pur, un sens droit, une ferme santé,
Du vin, des amis et ma lyre...

Béranger a dit tout cela dans sa *Biographie* et dans ses lettres familières. — En
homme exempt de soucis volontaires, en
homme enfin libre, et tout à fait libre, il
promettait de ne rien publier, et de se
rappeler cette parole de Montaigne : « L'é-
crivaillerie est le symptôme d'un esprit
débordé.... » Mais il ne jurait pas que,
dans les courtes années qu'il avait encore
à vivre, « il ne toucherait pas une plume. »
Au contraire, il s'était expressément réservé le droit d'écrire, non pour ajouter à
son humble fortune, mais pour obéir aux
suprêmes inspirations; et, que sait-on?
peut-être aussi pour être *utile*. « Dans la

retraite où je vais me confiner, les souvenirs se pressent en foule... je jouirai du
plaisir de rectifier bien des erreurs et bien
des *calomnies* qu'enfante une bouche enve-
nimée... » O le brave homme ! il ne savait
pas de façon meilleure et plus naturelle
d'être *utile* à ses semblables, que de les
garder de la calomnie ; il ne la redoutait
pas pour lui-même, il la redoutait pour
chacun et pour tous.

Ainsi, du fond de sa retraite, il accourait
à l'aide, au secours de tant d'honnêtes
gens méconnus, insultés, diffamés. Dans
cette défense et dans cette protection d'autrui, il n'exceptait que lui-même. Attaqué
par les plumes les plus violentes et parfois
les plus considérables, en proie à des injures insensées, naguère encore, aux moments les plus dangereux de notre histoire,
insulté, que disons nous? damné par les
cuistres, il écoute à peine, en passant, ces
accusations de l'autre monde, et dans tout
son livre, et dans ses lettres les plus intimes, dans cette éloquente et sereine
plaidoirie en l'honneur des exilés et des

proscrits de tous les temps, vous ne trouverez pas une allusion, une seule, aux déclamations de ses détracteurs. Attaqué, lui vivant, non pas par la sagesse et la modération des sages et des vrais philosophes, gens cruels sans le savoir et surtout sans le vouloir, mais par les diffamateurs de profession, attaqué de façon féroce et presque surnaturelle, et défendu soudain contre ces injures qui seraient la honte et le déshonneur de notre temps, si les *biographies* de mendicité et les *biographes* de profession n'étaient pas inventés, par des milliers de voix justement indignées, rien ne put le tirer de son calme, « et tout cria pour lui, hors lui-même. »

Toutefois, dans son abnégation même et dans sa modestie, il a de justes moments d'orgueil, et l'on voit que, s'il faisait bon marché de son génie et de ses chefs-d'œuvre, il était fier de son caractère (1).

(1) « J'espère bien, monsieur, que vous n'avez pas répété à Mme Colet tout le mal que je vous ai dit des poëtes, race si ridicule et si prétentieuse, et qui croit nous faire grâce en n'aspirant qu'au sacerdoce

« Il faut se méfier, disait un ancien, des hommes qui ont trois coudées du côté droit, qui n'ont que deux coudées du côté gauche ; il me faut, à moi, un homme égal des deux côtés. » Béranger était tout à fait cet homme, égal à lui-même ; aussi simple et grand de ce côté-ci que de ce côté-là ; marchant droit et d'un pas sûr, dans les sentiers bien frayés. Tel on le voyait, tel il était ; et ce n'est pas lui qui eût salué Diogène, caché sous le manteau d'Aristippe. Il abhorrait toute espèce de déguisement. Certes, sa popularité lui était bien chère ; elle était son unique récompense ; elle lui tenait lieu, et au delà, de tous les biens qu'il avait méprisés ; mais sa popularité même, il l'eût sacrifiée, et même avec joie, aussitôt que, pour la conserver,

universel ; quand un misérable comme Chatterton se laisse mourir parce qu'il n'a pas gagné assez à se vendre, ou quand un pauvre niais comme Malfilâtre, qui n'a rien laissé de bon, croit indigne de sa grandeur de gagner sa vie par un travail utile à ses semblables...

« *A M. Jules Carrouge*, 31 juillet 1836. »

il eût été forcé d'accepter des opinions qui n'étaient pas les siennes. En vain lui eussiez-vous démontré que c'était, à cette heure, en ce moment et sans conteste, l'opinion publique; il eût relevé la tête et vous eût répondu fièrement que de temps à autre il arrive des heures funestes où l'opinion publique est la plus lâche, la plus triste et la plus misérable des opinions (1).

Donc la justice et son bon cœur, ces bons et fidèles compagnons qui ne l'ont jamais abandonné, lui disaient clairement qu'il vivrait dans tous les esprits par son caractère autant que par son génie. Et c'est pourquoi il se vante (à bon droit) « d'être un observateur assez attentif, assez exact, assez pénétrant... » Il serait plaisant, dit-il encore, « que la postérité m'appelât le *judicieux*, le *grave* Béranger ! » .

(1) « Je vous avoue que j'ai une telle horreur de l'assassinat, que je gémirais de tout mon cœur s'il était prouvé que celui-ci est le crime d'hommes qui peuvent se parer de l'opinion républicaine. Je n'ai jamais admiré Brutus et Cassius, mus par un intérêt de caste. »

La postérité, car pour Béranger la postérité commence, ajoutera, sans conteste, à ces louanges d'attention sur soi-même, de gravité, d'exactitude et de pénétration, toutes les louanges qui doivent être chères à l'honnête homme. Déjà même elle raconte à quel point ce grand poëte était bon, sincère, ingénu, bienveillant, maître absolu de ses passions, réservé, modeste et charitable! Ami fidèle, ennemi généreux, confident discret, dédaignant l'injure et la déclamation, méprisant l'argent comme on méprise un maître injuste, un valet fourbe et menteur; ajoutez tant de grâce et de bel esprit, un si charmant rire, une âme affable et haute, un si profond respect pour les bienséances extérieures, une exquise habileté à cacher sa vie, un esprit insinuant, paisible, enchanteur, un bon plaisant, dont la plaisanterie était même à l'épreuve d'un sérieux examen! Enfin quel poëte enferma jamais plus d'éloquence en plus petit espace, et de meilleurs sentiments en moins de paroles? En ses moments d'enthousiasme et de prophétie, il était l'exactitude même et ne laissait rien au hasard.

L'illusion féconde habite dans mon sein !

s'écriait André Chénier. Quant aux mora-
listes sérieux, qui ont poussé l'injustice
jusqu'à l'accuser d'être l'ennemi de la famille et du toit domestique, ils n'avaient
pas lu, nous en sommes sûr, cette aimable
et charmante lettre à son digne ami,
M. Édouard Charton :

Vous voilà donc marié. C'est une situation
que j'ai évitée par suite de la position où j'ai
toujours vécu, n'ayant ni présent ni avenir de
fortune quelconque. Vous êtes plus heureux ;
et quoi que vous ayez la bonté de me dire, vous
n'avez plus besoin des avis de mon expérience.
Votre cœur est là, et vous savez, il y a longtemps, quels sont les devoirs de l'honnête
homme. Vous avez désormais de grands en-
gagements à remplir, mais vous en serez bien
récompensé par la stabilité qu'ils vont donner
à votre vie et à vos pensées. Quand on a le
bonheur des autres pour but, on cesse de flotter
au hasard. C'est un lest qui maintient notre
ballon dans la région la plus calme. On prétend

qu'elle est la moins poétique ; moquez-vous de
ceux qui mettent la poésie à toute sauce, et qui
laissent la morale et le bonheur pendus au
croc. Vous voilà dans le vrai ; soyez heureux
en faisant des heureux ; vous méritez un pareil
sort : tous vos amis s'en féliciteront, et les
vieux garçons comme moi, en voyant votre
bonheur, regretteront de n'avoir pas su prendre
la même route.

Qui donc a jamais mieux parlé du ma-
riage et de l'intime attrait du foyer domestique ? Écoutez cependant, parlant de Béranger, deux hommes d'une vie austère,
deux sages qui n'ont jamais été jeunes,
respectés l'un et l'autre à tant de titres
différents par tant de jeunes esprits qui
entouraient leur chaire éloquente... A coup
sûr, voilà deux grands esprits qui ne sont
pas suspects de fanatisme. Écoutons d'a-
bord M. Guizot :

Au même moment, un homme du peuple,
né poëte, célébrait, charmait, échauffait et
propageait par ses chansons les instincts, les
passions populaires, contre tout ce qui rappelait

l'ancien régime, surtout contre les prétentions de la domination ecclésiastique. Béranger n'était au fond du cœur ni un révolutionnaire ni un impie ; il était plus honnête et plus sensé que ses chansons. Mais démocrate par conviction comme par goût, et jeté par l'esprit démocratique dans la licence et l'imprévoyance, il attaquait pêle-mêle tout ce qui déplaisait au peuple, ne s'inquiétant point de la portée de ses coups, prenant le succès de ses chansons pour une victoire de la France, aimant bien mieux la révolution ou l'empire que la liberté, et oubliant, avec une légèreté vulgaire, que la foi et le respect ne sont nulle part plus indispensables qu'au sein des sociétés démocratiques et libres.

Il s'en est, je crois, aperçu un peu tard, quand il s'est trouvé, de sa personne, en face des passions fomentées par ses chansons et de ses rêves devenus des réalités. Il s'est empressé alors, avec une prudence qui ne lui a jamais fait défaut, de sortir de l'arène politique et presque du monde, non pas changé dans ses sentiments, mais un peu triste et inquiet des conséquences de la guerre à laquelle il avait pris tant de part. Il était, sous la Restauration, plein de confiance comme d'ardeur, modestement enivré de sa popularité, et, quoiqu'il s'exagérât son importance et son intelligence politique, plus sérieusement influent qu'il n'était jamais arrivé à un chansonnier.

M. Saint-Marc Girardin, de son côté :

Le nom de Béranger se trouve mêlé à l'histoire de M. de Lamennais et de M. de Châteaubriand. Béranger s'était fait, pour ainsi dire, l'infirmier des grands orgueils brisés de notre temps, le consolateur des grandes popularités détruites. Cela montre que Béranger, outre sa bonté naturelle, n'avait pas cette féroce préoccupation de sa propre popularité qui fait qu'on ne songe qu'à soi. Il cultivait et soignait beaucoup cette popularité, mais il avait une défiance ou une connaissance modeste de lui-même qui le disposait à croire qu'il ne méritait pas toute la gloire qu'il avait obtenue. Cela ne le rendait ni jaloux ni ombrageux. Ce qu'il croyait que la faveur publique lui avait donné de trop en gloire, il s'en acquittait par ses soins affectueux envers des gloires plus grandes et plus malheureuses que lui.

Comme écrivain, Béranger tient sa place à côté des écrivains les plus solides, lesplus clairs et les plus énergiques de la langue française. Il ne dit jamais que ce qu'il veut dire ; il le dit avec force, énergie, et souvent avec beaucoup de grâce. Il a rencontré parfois de grandes métaphores, qu'il accepte avec joie ; mais, le plus souvent, il redoute les hauteurs poétiques, et se tient dans un milieu calme et splendide, où chacun peut le suivre et l'écouter. Ami sérieux de la langue vulgaire et populaire, il rejette avec joie les vieilles paroles de nos anciens poëtes, qui, pour lui, n'ont pas de sens, et les mots nouveaux que la nouvelle poésie a mis à la mode : *illusion, rêverie, fantaisie, mélancolie, harmonie* et *méditation poétique.* Encore moins a-t-il adopté ce qu'il appelait sans façon, à la barbe de M. Victor Hugo, la *langue morte de Ronsard.* — Il avait peur de ces expressions ambitieuses *qui mettent la poésie à la surface*, et sans trop s'inquiéter du reste. Au contraire, il mettait la poésie *en dessous* (c'est lui-même, Béranger, qui parle ainsi); *par respect pour la limpidité de notre langue;* et, pour bien prouver ce qu'il

veut dire, il invoque un sien ami, le bon
La Fontaine, son maître « en ces petites
compositions que saisit l'instinct du vulgaire, lors même que les détails les plus
heureux lui échappent. » Et, quand il dit
le vulgaire, il est loin de l'*odi · profanum
vulgus!* (ainsi commence un des chants les
plus magnifiques de l'antiquité latine); au
contraire, Béranger s'écrie : « A moi le
vulgaire ! à moi le peuple ! à moi la foule ! »
Et... « le peuple est mon roi! » Il n'est
pas très-sensible, on le voit bien, dans
son livre en prose, autant que dans ses
poëmes, aux recherches exquises de l'esprit, aux délicatesses infinies du bon goût.
Il n'a jamais été *précieux*, il avait en horreur les *précieuses*, et ce n'est pas lui, non,
certes, qui eût jamais frappé à la porte de
l'hôtel de Rambouillet.

Qui croirait que ma première velléité d'oppo-
sition au gouvernement consulaire fut contre
l'emprunt fait à Rome et à la Grèce des noms
donnés d'abord aux nouvelles fonctions, et plus
tard aux établissements d'instruction publique ?
Consuls, tribuns, préfets, prytanées, lycées, tous

ces mots me semblaient jurer avec le nouveau
monde qu'avait enfanté 89, qui nous avait légué
bien assez de mots de pareille origine. C'était
de l'enfantillage de ma part, sans doute, mais
j'ai toujours détesté cette routinière imitation
des anciens. Chez nous, voyez Hérault de Sé-
chelles ne pouvant se mettre à travailler à notre
constitution, s'il ne parvient à se procurer,
avant toute chose, les *lois de Minos*. Du mé-
lange que nous avons fait de l'ancien et du moderne, du paganisme et du christianisme, est
née une civilisation de pièces et de morceaux,
habit d'Arlequin qui, heureusement, commence
à tomber en loques. Ma colère, à ce sujet, faisait rire alors, et fera rire peut-être encore aujourd'hui. Cela ne m'a pas empêché, malgré
mon amour pour les Grecs, de prendre à gui-
gnon les grands hommes de Plutarque et Plutarque lui-même, ce Grec qui n'ose apprécier
ni la grandeur politique de Démosthène, ni le
génie d'Aristophane. Étudions l'antiquité, res-
pectons la tradition, mais ne leur empruntons
que ce dont nous ne pouvons nous passer.

C'est ainsi que *l'imitation* l'afflige et le
blesse; en revanche, il écoute avec respect
les grandes voix qui lui parlent un noble

langage et qui lui montrent à nu le cœur
humain. « Ainsi faisait Shakspeare » est
un mot qu'il a dit très-souvent, et voilà
comment notre humble poëte se met à sa
place véritable, entre les deux poëtes du
grand drame et du petit drame, à savoir,
entre Shakspeare et La Fontaine. Le premier lui enseignait de quelle voix on parle
à la foule, et comment on s'en fait suivre,
« en lui montrant à nu le cœur humain; »
le second, « comment on dispose en un
cadre étroit une leçon vive et rapide à
l'usage des plus simples esprits. »

En fait de poésie, il adoptait la ligne
droite; il allait à son but par le plus court
chemin, tout simplement. Il se méfiait des
sentiers de traverse; il admirait les *Feuilles
d'automne* et les *Chants du crépuscule*, mais
sans les imiter jamais. Certes, il n'eût pas
écrit les beaux vers que voici :

> Entends ces mille voix d'amour accentuées
> Qui passent dans le vent, qui tombent des nuées,
> Qui montent vaguement en bruits silencieux...

Ces grandes extases, pour cet esprit droit

qui ne savait pas mentir, étaient em-
preintes de trop de magie et de recherche.
Il les trouvait belles véritablement, mais
d'une beauté qui s'éloignait trop de la vé-
rité vulgaire et des émotions de la foule.
A quoi servent ces délicatesses infinies, et
quel plaisir y peut trouver ce peuple dont
nous sortons ? Telle était la question que
Béranger adressait à ces fameuses poésies :
« Tout ce qui appartient, disait-il, aux
lettres et aux arts est sorti des classes in-
férieures, à peu d'exceptions près ; mais ils
ressemblent tous à des parvenus, désireux
de faire oublier leur origine. » Ainsi, les
plus grands poëtes de notre âge, M. de
Lamartine, M. Victor Hugo, M. Alfred de
Musset, le brillant, le glorieux, le fantai-
siste amant de l'idéale beauté, n'étaient
guère, pour Béranger, que des *aristocrates*
en poésie ; il leur pardonnait volontiers
leur élégance, à condition que lui-même il
resterait un rustique ; il leur abandonnait
les châteaux, pourvu qu'on lui laissât les
chaumières : « Amis, régnez dans les sa-
lons ; moi, je reste dans la boutique ; em-

bellissez de vos fantaisies les maisons bril-
lantes, laissez-moi le sourire et le contentement de la cabane. »

De ces trois hommes, l'élégance même
et l'honneur de la poésie au XIXe siècle,
il s'était fait l'ami fidèle et l'enthousiaste
sincère ; mais pas un de ces hommes n'a
jamais eu la moindre autorité, même se-
condaire, sur cet esprit tout d'une pièce ;
il rendait justice à ces merveilles de notre
langue :

O lac... l'année à peine a fini sa carrière...

Il n'eût guère voulu les avoir faites. Il
était un admirateur très-intelligent, il eût
été un copiste infidèle... Il admirait Elvire,
il la trouvait poétique et charmante au
milieu de son nuage ; il ne l'eût pas
changée contre Lisette infidèle et contre
Mme Grégoire elle-même. Il comprenait
que l'on se prosternât aux pieds de la
marquise d'Amaëgui ; mais à ces dentelles,
à ce velours, au corset de satin qui craque,

au plumet des marquises, il préférait les
haillons de Jeanne la Rousse :

> Dieu ! veille sur Jeanne la Rousse :
> On a saisi le braconnier !

Si donc il a résisté ouvertement à ces fameux chercheurs d'aventures dans le pays
des songes, il a plus d'une fois suivi le
maître à sa portée et l'exemple qui lui
plaisait. Il lisait bien les poëtes de sa
famille, il les étudiait avec un grand zèle.
Quand par hasard il copie, il copie avec
un bonheur bien rare, et sa copie est ex-
cellente. Ainsi (vous l'avez déjà vu) des
vous et des *tu* de Voltaire il a fait la chanson de *Lisette*, et la France entière a salué
la Lisette de Voltaire et la Lisette de Béranger. Il a retrouvé plus d'une fois, parmi
nos vieilles chansons, un exemple, un
modèle, un écho, un thème, un drame, et
de l'idée ou du drame qui l'avait particulièrement frappé, il tirait soudain un chef-
d'œuvre original. On vous en peut offrir
ici-même un exemple inédit et qui se rap-

porte au premier chef-d'œuvre de Béranger, à cette chanson éternellement vivante,
éternellement nouvelle, de la pauvreté,dans
ce bas monde. Eh! dirait-on que sa chanson des *Gueux*, calme et bienveillante, une
grâce, un sourire, un pardon, Béranger l'a
trouvée au milieu des anciennes fièvres,
des anciennes menaces, au milieu du vieux
Paris, sous les pas des rois absolus, dans
les plaintes et dans les échos du vieux
Pont-Neuf? Pourtant, ainsi retrouvée et
remaniée avec le zèle et l'empressement
d'un antiquaire, cette chanson des *Gueux*
est sienne, et si bien sienne que, si chacun
se souvient des *vous* et des *tu* de Voltaire
à propos de Lisette, il n'y a pas un critique…
et pas un philosophe qui ait retrouvé, avant
nous, l'origine des *Gueux* de Béranger.

A ce propos, les publicistes et les poli-
tiques ont fait pis que cela : ils accusaient
le poëte (à propos de la chanson des
Gueux) d'être un socialiste et d'avoir pro-
clamé, même avant M. Proudhon, que *la
propriété c'est le vol.* « Et voilà, disait Béranger, comme on nous juge ! » Au bout

du compte, ceux qui l'accusaient ou qui le
louaient d'avoir publié l'*évangile* des vo-
leurs et des bohémiens du grand chemin
auraient été singulièrement désappointés
si le poëte eût daigné leur répondre que
sa chanson *nouvelle* était une ancienne
chanson qui se chantait sous le grand roi.
La voici donc, cette ancienne chanson
écrite à l'ombre du bon plaisir; le lecteur
verra, par cet exemple, à quel point notre
heureux poëte rendait l'accent et la forme
à tout ce qu'il daignait emprunter :

> Si le roy sçavoit la vie
>   Que font les gueux, (*bis.*)
> Il vendroit chasteaux et villes,
>   Vive le roy! (*bis.*)
> Pour s'en aller avec eux.
>   Vivent les gueux!
>
> Quand ils content leur misère,
>   On les plaint fort.
> Ils vivent tous sans rien faire,
>   Jusqu'à la mort,
> Tous libres et paresseux.
>   Vivent les gueux!
>
> Quand ils sont à la débauche,
>   Au cabaret,

Ils boivent à droite, à gauche,
  Blanc et clairet...
Et la grivoise avec eux.
  Vivent les gueux !

Touche-t-on à la finance,
  S'en meuvent-ils ?
Ils vivent sans dépendance
  Du bien d'autrui.
L'impôt n'est pas fait pour eux :
  Vivent les gueux !

Pontchartrain qui sait la vie
  Que font les gueux,
A tout moment il s'écrie :
  Qu'ils sont heureux !
Je m'en vais vivre comme eux...
  Vivent les gueux !

Voilà la chanson des *Gueux*, la voilà toute crue et toute semblable au récit de la misère prise sur le fait, avec cette différence que les *gueux* de M. de Pontchartrain sont des filous de grande ville ; au contraire, les *gueux* de Béranger sont naïvement et véritablement les plus gais, les plus heureux et les plus honnêtes déshérités d'ici-bas.

Les gueux de Béranger sont des poëtes,

et c'est en vain que les romanciers ou les philosophes voudraient en faire autant de *bohèmes*, pour nous servir de l'argot moderne. Les pastureaux de Béranger ne menacent personne, ils ne maudissent personne ; ils ont l'espérance, ils ont la charité, ils ont le courage ; ils se battraient pour la patrie, ils se battraient pour la liberté ! Enfants du hasard, enfants de l'amour, amis de la fantaisie, ils n'ont jamais touché à la torche, au poignard, aux outils des gueux de M. de Pontchartrain ; leurs mains sont lavées ; leurs haillons mêmes ont une tournure élégante ; ils savent rire, ils savent plaire ; un tas de poëtes, de peintres, d'écrivains, de grisettes, de sculpteurs, ces gueux charmants de Béranger...; un ramassis de pendards, de biographes et de pendus, les gueux de Louis XIV et de M. de Pontchartrain.

Béranger est le maître et le roi de cette troupe errante ; il l'aime, il en est aimé ; il commande, on obéit. Il est lui-même un de ces *gueux* de la philosophie heureuse et de la vie à bon marché (1.), économe et prudente, entrevue au fond de toutes les utopies. Lui aussi, dans sa pauvreté glorieuse et clémente, il obéit au divin précepte : « Aimez-vous les uns les autres ! » Il a parlé souvent dans ses chansons... de *l'Esprit qui se venge*. Eh bien, ne craignez rien, Béranger a l'esprit, il n'a pas la vengeance.

Il n'a pas un mouvement de haine ou d'envie, et pour toute vengeance il invoque les pauvres de l'Évangile, qui n'a jamais dit : *Soyez dévots*, mais qui dit si bien : *Soyez doux*. Béranger était doux, il était humble, il était pauvre, et le meilleur de tous les pauvres, celui qui donne à son voisin plus pauvre que lui. Il aimait les *gueux* de son espèce ; il les recherchait pour les consoler, pour parler avec eux leur langage et pour leur enseigner l'es-

(1) *Au maréchal Soult* : « Vous devriez bien dire à vos secrétaires de ne pas écrire sur du papier si épais que vos lettres coûtent dix sous de port !

« ... Vous verrez qu'il me faudra avoir un cabriolet, et puis : Fouette, cocher... à l'hôpital ! »

pérance. En même temps, les riches qui venaient à lui et qui lui tendaient une main bienveillante, il ne les repoussait pas; au contraire, il leur tendait sa main libre et généreuse. Il s'est reconnu hautement, et jusqu'à la fin de ses jours, l'obligé d'un prince de la famille de l'Empereur! Il s'est reconnu (amitié mêlée de respects) l'intime ami de ce roi des banquiers, M. Jacques Laffitte! Il avouait fièrement son amitié, sa complicité, son alliance avec plusieurs des très-grands et des très-riches de ce bas monde, et il s'en glorifiait.

Il est écrit dans le *Livre* : « Le pauvre et le riche se sont rencontrés; le Seigneur les a faits l'un et l'autre! » Il rencontrait le riche, et le riche étonné se disait : *Ce pauvre est plus riche que moi!* Ceux donc qui nous montrent aujourd'hui Béranger entouré de misères et de misérables, entouré de haillons et de mendicité de toute espèce, ceux-là nous montrent un Béranger de leur composition. Il aimait la vie honorable et correcte, il la cultivait avec

un soin pieux ; il recherchait les beaux
esprits, les belles paroles, les amitiés let-
trées, les jeunes femmes bien vêtues ; il se
vantait loyalement de plus d'une illustre
amitié. « Et ce n'est pas un art à dédai-
gner que de savoir aborder un des maîtres
de la terre, » disait l'ami de Mécène en
célébrant *l'homme juste et fidèle à ses propres
vertus*. Ce *tenax propositi*, presque intra-
duisible, il n'a jamais convenu à personne
mieux qu'au chansonnier populaire. A
toutes ces causes, Béranger est resté,
chez nous, l'exemple austère et charmant
de cette obstination vertueuse contre laquelle rien ne saurait prévaloir. Assis sur
les ruines du monde, il les eût contem-
plées sans pâlir, sans penser qu'il était un
héros.

Toutefois cet homme impassible, qui,
pour son propre compte, eût défié le malheur, aussitôt qu'il rencontrait une misère,
une honte, un malheur de la patrie, il se
sentait pénétré de la plus profonde et de
la plus vive douleur. Il eût dit volontiers
avec M. Cousin lui-même : « Nous n'avons

pas été vaincus à Waterloo ! » Mais s'il fallait prononcer ce nom funèbre, *Waterloo*, il ne le prononçait pas ! Ainsi l'orateur chrétien, lorsqu'il entreprend, en présence de Louis XIV, l'oraison funèbre d'Henriette d'Angleterre, et qu'il esquisse à grands traits « cet homme qui s'est rencontré, d'une profondeur d'esprit incroyable !... » il évite de prononcer le nom de Cromwell.

Béranger, nous l'avons déjà dit, avait en lui-même tous les genres de courage. Pendant très-longtemps, le seul aspect d'une arme à feu lui causait un véritable malaise, une sensation pénible. Il haïssait ce feu, ce bruit, cette balle et les meurtres à distance ; il ne pouvait s'habituer à cette poudre, à ces matières fulminantes, à ce plomb qui frappe et qui tue au milieu d'un éclair. Même cette baïonnette au bout du fusil était pour ce brave homme un attirail insupportable. Il frissonnait sitôt que, par hasard, il entendait un coup de feu. Hélas ! un jour de deuil, d'émeute et d'épouvante, comme il traversait un carrefour barricadé,

il entendit les balles siffler à ses oreilles...,
ou, pour mieux dire, il n'entendit pas les
balles, il ne vit que ces meurtres abomi-
nables, ce sang français versé des deux
côtés, la patrie en deuil et la ville au
désespoir; si bien que, dans sa peine, il
ne songea plus à l'odeur de la poudre, au
sifflement des balles. « Ah! les malheureux! disait-il, il faut que je leur parle : ils
me verront, ils m'écouteront! » Parlant
ainsi, il se jetait dans la mêlée. On eut
grand'peine à l'emporter du champ de ba-
taille ; et, depuis ce jour, il fut à jamais
corrigé de la seule peur qu'il eût éprouvée
en toute sa vie.

Quand plus d'un brave aujourd'hui tremble,
Moi, poltron, je ne tremble pas...

— Voilà pourtant, lui disait-on, comme
était Charles XII après sa première ba-
taille : il fut si charmé du bruit des balles,
qu'il s'écria : « Voilà ma musique ! »
Pour en finir avec le mot *imitation* ap-
pliqué aux chansons de Béranger, la cri-

tique aura soin de faire remarquer plus tard, à l'heure de l'admiration sans conteste et de la justice incontestable, que de tous les poëtes français de notre époque, c'est justement Béranger qui a rencontré le moins d'imitateurs. Quand donc il disait qu'il ne voulait pas attendre que l'*ingrate* jeunesse (ingrate était dit en riant) s'écriât, parlant à sa personne : « Arrière, bonhomme ! » il était pris d'une inquiétude et d'un doute qui ne devaient pas l'atteindre. Béranger marchait seul dans les chemins que le peuple lui avait ouverts. Ce qu'il avait si bien dit de son ami Manuel, on pourrait le lui dire à lui-même :

Bras, tête et cœur, tout était peuple en lui !

« Ayez soin, disait un ancien, de respecter le peuple en toutes les choses que le peuple enseigne. » Or, mieux que le peuple, nul ne peut enseigner aux poëtes la langue que les poëtes doivent parler. C'est parce qu'il a parlé la langue universelle de la passion, de la patrie et de l'honneur, qu'il est devenu réellement et sans effort le plus français des poëtes français. Il n'a jamais lu qu'en français Pindare, Horace, Ovide, Anacréon, Tibulle et Catulle. « Et pourrais-tu me nommer, disait Socrate à son disciple, un seul maître, sinon le peuple, qui m'ait enseigné les arts de la parole? »

Il est donc resté jusqu'à la fin dans sa voie ; et, soit que le courage ou le talent aient manqué à la race idiote et servile des imitateurs, soit qu'ils aient été retenus par le respect dont le poëte était entouré, et par l'unanime adoption de ce peuple qui ne voulait chanter que les chansons de Béranger, les plagiaires se sont abstenus. Ils ont délivré de leur copie et de leur parodie insolentes ces grâces, ces bonheurs, ces gaietés charmantes, ces ravissements amoureux, ces visions splendides à travers la pluie et les brouillards de notre siècle. A cette heure encore la chanson de Béranger est « semblable à un astre et brille seule, » pour parler comme parlait lord Byron de l'Empereur. Que disons-nous?

Si quelques chansonniers, plus tard, ont essayé de nouvelles chansons, ils ne chantaient pas comme a chanté Béranger ; ils chantaient, sur un mode hargneux, des colères insupportables ; leur chanson était pleine de furie et de menaces, auxquelles ils ne sont même pas restés fidèles. Aussi bien, répétées pendant vingt-quatre heures par des voix furieuses, par des voix ingrates, ces chansons des misères, des menaces et des vengeances ont été emportées par l'oubli, par la peur, par le mépris. Oter sa chanson à Béranger, il serait plus facile d'arracher à Hercule sa massue, à Vénus sa ceinture, ou son flambeau au dieu du jour.

Il faut dire, en même temps, que si le poëte a échappé à l'*imitation*, à la copie, au plagiat, ses plus illustres contemporains et les poëtes qui sont venus après lui se sont vus exposés à de si habiles et si complètes imitations, ils ont créé à leur suite une si nombreuse compagnie de rimeurs à leur marque, qu'ils doivent s'estimer heureux d'avoir tiré leur œuvre et leur nom

sains et saufs de cette avalanche. A-t-on
fait, de nos jours, des pages, des livres,
des discours, des brochures à la Chateaubriand ! Qui donc nous dira le nombre des
Méditations poétiques, plus nombreuses que
les feuilles de l'arbre emportées au souffle
harmonieux du vent d'automne ? A lui seul,
lord Byron a laissé tout un peuple abâtardi
de poëtes désespérés. Essayez de compter
les imitateurs flamboyants de M. Victor
Hugo, et les copistes usés et blasés de
M. Alfred de Musset ! Seuls, peut-être,
deux écrivains de nos jours, par l'élégante
simplicité de leur parole, par leur façon
d'aller droit au fait, par leur dédain naturel pour l'ornement frivole, par la netteté
même de leur pensée, et pour avoir toujours bien su ce qu'ils voulaient dire, et
pour n'avoir jamais dit que cela, ont
échappé à la lèpre abominable des con-
trefacteurs, ces deux écrivains heureux,
on peut le dire, le lecteur les a déjà
nommés : nous parlons de Béranger et de
M. Thiers.

VII

Une autre amitié, disons mieux, une autre conquête inattendue, et cette fois très-sérieuse, elle devait finir au tombeau, c'est l'amitié qui s'établit entre M. de Lamennais et Béranger. Partis de si loin, et marchant à un but si opposé, comment il se fit que ces esprits se rencontrèrent, que *l'indifférence en matière de religion* se jeta dans les bras du *Dieu des bonnes gens*, et que le prophète et le chansonnier, le Sinaï et la guinguette, le buisson ardent et le bouchon de cabaret devinrent deux commensaux, deux frères, voilà de ces miracles qui ne peuvent guère être expliqués que par la rencontre unique des meilleures qualités du cœur humain : la sincérité, la bonne foi, la conscience intègre, une absence complète de vanité, d'ambition, d'orgueil. Ces deux hommes si différents,

celui-là de celui-ci, à peine ils se sont rencontrés, ils s'aiment. Quand il vit venir à
lui sous son toit, au coin de son feu, ce
vieux combattant tout mutilé des batailles
chrétiennes ; quand il comprit que cette
grande âme était abîmée en d'ineffables
douleurs, que cette conscience était en
plein doute, et que lui seul, Béranger, l'a-
moureux de Lisette et le poëte de l'empereur exilé, il était désormais le repos, le
conseil, le refuge et la consolation de ce
grand homme qui avait refusé la pourpre,
et que le bon Dieu avait créé tout exprès
pour nommer des pontifes, il ressentit au
fond de soi-même une extrême inquiétude
mêlée d'une joie immense.

Oui ! et, s'il adopta M. de Lamennais,
soyez bien sûr qu'il fut poussé à cette
adoption par une voix intime qui lui disait : Ce grand homme à ton foyer est un
soldat vaincu, un philosophe abandonné,
un prêtre interdit, un condamné comme
toi. Regarde, il est triste, il est sombre, il
est pauvre, il est malade, il ne se fie à personne ; après avoir commandé à l'âme, à la

conscience, à l'esprit des plus fiers disciples qui aient jamais suivi un apôtre, à
Lacordaire, à Montalembert, il n'a pas
conservé un disciple, et cependant il vient
à toi les mains tendues, et, te voyant sans
ambition, content de si peu, entouré par
tant de jeunesse, honoré par tout un
peuple, il n'est pas jaloux de toi; il fait
plus, il t'aime et te choisit, il te préfère; il
se montre à tes yeux tel qu'il est, sans te
cacher une tristesse, une colère, un repentir.

Ainsi parlait la voix *intérieure* à Béranger... Le chansonnier accepta de bon
cœur ce prêtre et cet ami qui lui venaient
de si loin. Il fut désormais le confident de
M. de Lamennais; il prêta une oreille attentive à ces plaintes cachées, il devina
ces angoisses muettes. Cette âme était
blessée, il pansa sa plaie; elle avait besoin
d'amitié, il l'entoura d'une caresse active,
diligente, ingénieuse, avec tant de grâce
et d'attention! Plus Lamennais était triste
et morose, et plus Béranger redoublait de
bonne humeur... disons mieux, de cha-

rité. « C'est un enfant, disait-il, dont les ingrats et les fous se font une arme, et qu'ils abandonneront après l'avoir usée ! » Quand ses conseils n'étaient pas écoutés de ce farouche ami, Béranger soudain lui chantait une autre antienne. Même, au besoin, il eût diverti son hôte des galanteries de Lisette ; il en eût fait son élève en philosophie. Il faudrait, pour bien comprendre à quel point cette alliance entre ces deux extrémités de l'âme humaine est une alliance inexplicable et charmante, lire avec soin la terrible correspondance de M. de Lamennais, publiée naguère par M. Forgues avec tout le zèle et tout le respect d'une amitié filiale. Il excelle en ces résurrections M. Forgues ; on peut se fier à ses admirations, à ses respects, à sa justice. Les lettres de Lamennais, comparées aux lettres de Béranger, publiées à la même heure, laissent dans les âmes une impression aimable et douloureuse à la fois. Ici tant d'austérité pour les autres et tant de cruauté pour soi-même ; là tant de bienveillance et de bonté qui se répand comme

la rosée au mois d'avril ! Lamennais s'en
va d'un pas sérieux à cette fosse ouverte
à tous les pauvres qui ne laissent pas de
quoi s'acheter un tombeau de six années;
pendant que Béranger, riant de tout le
monde et de lui-même, marche sans regret
et sans peur au tombeau que lui-même il a
fait bâtir pour son ami Manuel, et dans
lequel il s'était réservé, sans mot dire, une
humble place. Ah ! chez M. de Lamennais
tant d'efforts, de douleurs, de regrets, de
colères qui ne sont mortes qu'avec lui, pendant que Béranger pardonne à tout le
monde et s'occupe en même temps de tout
le monde. « Ami, lui disait-il un jour , le
voyant plus triste et plus malheureux qu'à
l'ordinaire, il faut se raidir contre la calomnie ; il y en a pour tout le monde ; il y
en a pour moi, qui vous parle, et, ne vous
effrayez pas si demain ou après-demain
vous lisez quelque part : Un vol avec ef-
fraction a eu lieu dans telle rue ; on a re-
joint le voleur : c'est un vieux chansonnier,
un vieux repris de justice (il a été deux
fois en prison). On a fait une descente

dans le logement que ce gueux-là occupe
à Passy, et l'on a saisi un grand nombre
d'objets précieux dont il n'a pu justifier la
possession ! » Et de rire !

Une autre fois, il plaint son *cher La-*
mennais « d'habiter une mansarde dominée
par un grenier sur lequel s'est abattue une
ribambelle de matous !... Et moi qui suis
logé près d'un cimetière, allez-vous me
porter envie !... » Il est pour ainsi dire à
l'affût du sourire et de la consolation de ce
grand esprit qu'il adopte. « Osez donc aller
en Bretagne sans passer par la Touraine,
et vous verrez si je brûle Paris pour aller
en Picardie !... » Et plus loin : — « Mon
ami, puissiez-vous jouir de toute la gloire
que vous méritez ! » O spectacle ingénu
de ces deux pauvretés glorieuses qui se
consolent et s'encouragent l'une l'autre ! Ils
ont, celui-ci et celui-là, une façon toute
différente de porter la pauvreté : M. de
Lamennais la supporte en gentilhomme
hautain et dédaigneux, qui ne comprend
pas que pareille hôtesse ait osé entrer
dans sa maison ; au contraire, Béranger

traite la pauvreté comme une amie ; elle l'a bercé enfant (1), elle l'a suivi jeune homme, elle était sa muse et sa bonne conseillère, et maintenant qu'il est vieux, de quel droit irait-il se fâcher contre sa vieille camarade ? « *Accordez-moi un peu plus qu'il ne m'en faut*, » disait Horace à Mécène ; « *à peu près ce qu'il me faut*, » disait Béranger au Dieu des bonnes gens. Horace demandait, pour être à son aise, d'avoir toujours à l'avance une année de son revenu, *plus une bonne provision de livres* ; Béranger se contentait tout simplement de nouer les deux bouts de l'année ; en fait de livres, il en avait toujours assez ; M. de Lamennais avait vendu les siens, de très-bonne heure. Au reste, ils étaient l'un et l'autre de ces esprits qui se suffisent à eux-mêmes et qui vivent, comme on dit, de leur propre fonds. Autant la pauvreté de M. Lamennais était patiente et superbe, autant la pauvreté de Béranger était ac-

_____

(1) « Rapportez-moi mon mouchoir blanc et neuf, à broderies blanches. »

tive, ingénieuse et turbulente. Il voulait que si l'on avait l'honneur d'être pauvre, on en tirât bon parti.

Lui-même il m'a raconté qu'un jour M. de Lamennais étant sollicité par un sien parent, très-bon homme et digne d'intérêt, Lamennais hésitait à lui envoyer un billet de cinq cents francs. — « Que feriez-vous à ma place ? disait-il à Béranger. — A votre place, si j'avais les cinq cents francs, je les enverrais par la poste, et tout de suite. — Eh bien, dit l'autre, vous affranchirez la lettre, à vos frais. — Soit, reprit Béranger. » En effet, l'argent fut envoyé ; ce fut Béranger lui-même qui porta la lettre à la poste, et l'affranchit de son argent.

Dans sa *Biographie*, où Béranger parle si peu de lui-même et si bien des autres, c'est à peine s'il a nommé l'un des hommes pour qui sa bonté, sa bienfaisance et sa volonté ont accompli une suite de belles actions. Ceci même est, peut-être, le chef-d'œuvre de Béranger.

Donc, il y avait à Paris, en 1826, plongé dans une misère indigne d'une nation qui se respecte, accablé sous le silence et sous l'oubli, un homme, un poëte (au hasard, je cherche un mot pour rendre ma pensée), qui, dans un moment de génie et d'inspiration, un moment unique, un éclair, avait trouvé la plus grande et la plus terrible invocation qui ait jamais été faite à l'étoile, à la terre, aux puissances d'en haut, aux épouvantes d'en bas. Cet homme, au milieu des tempêtes civiles, avait trouvé sans le chercher le cri qui sauve et qui tue, un appel énergique aux plus nobles et aux plus misérables passions. Cet homme avait fait *la Marseillaise*, et par sa *Marseillaise* il avait sauvé les frontières, il avait rempli la ville d'échafauds et de funérailles ; il avait fait, sans en savoir le nombre, une foule de héros, de victimes et de martyrs. Que de batailles, que de victoires, mais que de meurtres et de sang répandu au refrain de cette chanson ! Elle avait donné le signal de tant d'émeutes, elle avait appelé les peuples à tant de révolutions ! elle parlait plus haut que le tambour ou le tocsin des incendies ; et comment donc l'auteur de ces couplets, qui s'en vont les pieds nus et l'arme au bras, traversant les fleuves, les montagnes, les cités, renversant les empires et les royaumes, aurait-il jamais pu songer, quand il était jeune et que son poëme allait dans toutes les mémoires, et de bouche en bouche, de périls en périls, qu'un jour viendrait où lui-même étant devenu vieux, pauvre et malade, il n'y aurait personne au milieu de cette France ingrate envers la gloire pour accorder à l'auteur de *la Marseillaise* un regard, un souvenir, une pitié? Et si profondément Rouget de l'Isle était tombé dans ces abîmes de la misère et de l'abandon, qu'il finit par être enfermé dans la prison pour dettes, au milieu de tant de jeunes gens sans prévoyance, mais non pas sans cœur, qui se regardaient, étonnés du grand nom que le geôlier venait de jeter aux échos de Sainte-Pélagie. Ils se demandaient si c'était vraiment possible? et plus d'un enfant prodigue regretta, ce jour-là, d'avoir si mal employé son crédit et sa fortune. Un seul homme, un seul dans tout ce misérable

Paris, infidèle à toutes ses gloires, se rencontra pour venir en aide à Rouget de
l'Isle, et cet homme était justement ce
pauvre petit chansonnier, sans argent et
sans crédit, qui naguère s'estimait un
homme heureux quand les almanachs dai-
gnaient imprimer quelqu'une de ses
chansons.

Naturellement, Rouget de l'Isle était
très-fier ; il vivait (si cela peut s'appeler
vivre), il vivait de misère à la campagne
(à Choisy-le-Roi), et il se laissa mener,
sans mot dire, en prison. Hélas ! le pauvre
homme, il y fût resté cinq années pour ac-
quitter une dette de cinq cents francs, si
Béranger n'eût pas compris et deviné toute
cette misère. « Où êtes-vous ? écrivait Béranger à Rouget de l'Isle ; on n'a pas voulu
me le dire hier, quand j'ai demandé de vos
nouvelles, et c'est pourquoi je vous écris
à Sainte-Pélagie. » Alors le voilà qui l'in-
terroge avec tout le zèle et toute l'ardeur
la plus dévouée. Il veut savoir la dette, les
frais de la dette et le nom du créancier.
« Envoyez-moi, dit il, votre autorisation

pour que j'aille vous voir, et ne rougissez pas d'être détenu pour dettes. C'est à la nation tout entière à rougir des malheurs qui n'ont cessé d'accabler l'auteur de *la Marseillaise.* Je l'ai dit bien souvent, mais je parle à des sourds. Peut-être qu'à la fin ils rougiront d'être sourds. » Puis, dans un adorable *post-scriptum,* il ajoute : « Point d'enfantillage, répondez-moi sur-le-champ. Ce *point d'enfantillage,* voulait dire : « A nous deux ! Je payerai la dette si je puis la payer; » et la dette, en effet, fut payée au bout de deux jours, et ce fut un beau moment pour Béranger lorsqu'il ouvrit les portes de la prison à ce poëte, sauvé par lui. O vanité des chants de guerre et du bruit dont rien ne reste ! Et quand il eut délivré son camarade, il avisa au moyen de le faire vivre. Il en parla à M. Laffitte, en demandant si l'on ne pouvait pas ouvrir une souscription pour cet illustre vieillard? M. Laffitte répondit : Je le veux bien. M. Viennet, ce brave homme et ce vrai poëte, un ami de M. Laffitte, applaudit au projet, qui plaisait à son âme vaillante. Un

brave écrivain, un bon journaliste, autrefois soldat, M. Chatelain, rédacteur du
Courrier français, proposa une souscription... Peine inutile ; et cependant Rouget
de l'Isle, recueilli chez un ami et ne vou-
lant pas abuser de l'hospitalité qui lui était
offerte, avait résolu d'en finir avec la vie :
« Un coup de pistolet ! je n'ai pas de quoi
en faire les frais ! la rivière, c'est ignoble !
et puis je crois fermement qu'un homme
de cœur ne doit pas se tuer ! »

C'était bien dit cela ; mais il ajoute : « La
fatigue, la faim, le désespoir, sont des
armes bien puissantes ! Je ne me tuerai
pas, mais j'irai à travers champs, tout droit
devant moi, jusqu'à ce que la mort s'en-
suive... Adieu, Béranger, disait-il encore ;
vous témoignerez, quand je ne serai plus,
de mon courage et de ma constance à supporter des misères insupportables. Adieu,
mon ami, ma tête se trouble, mon cœur se
serre et mes yeux se mouillent ; c'est un
adieu éternel. » Qui le sauva cette fois
encore ? ce fut encore Béranger. Avec
l'instinct d'une infatigable pitié, il retrouva

cet homme égaré dans les champs, il ramena ce désespéré sous le toit de l'ami qui
le cherchait, il lui rendit un peu de courage,
un peu d'espérance. « Ah! disait-il, vous
ne mourrez pas sur les grands chemins! At-
tendez, espérez ; un homme comme vous ne
peut pas être un suicide.» En même temps
il se met en quête de protections et d'amitiés pour lui ; il lui cherche un aide, un ap-
pui qui le fasse vivre au jour le jour. Il arrive enfin à ceci : « Je vous félicite bien
d'avoir une bonne redingote d'hiver, voilà
du bonheur. » Un autre jour, le plus grand
sculpteur de notre âge, un véritable Athé-
nien, David, fils de Philopœmen et petit-
fils de Phidias, taille en plein marbre un
médaillon représentant Rouget de l'Isle, et,
l'œuvre accomplie, il la met en loterie à
vingt francs le billet. La belle et généreuse
action! L'honorable et grande aumône!
honorable à la fois pour celui qui la fait et
pour celui qui l'accepte.

Et c'est pour le coup, écrivait Béranger à
son ami, que nous allons compléter notre garde-

robe. Hélas! je me rappelle le temps où je n'avais qu'un pantalon ; je le veillais avec un soin tout-paternel, et l'ingrat! il me jouait les tours les plus perfides. Heureusement que je possède un talent qui vous manque à coup sûr. Je fais une reprise et je raccommode un bouton aussi bien qu'un tailleur. Voilà ce que c'est que d'être du métier. Quant à vous, mon gentilhomme, qui n'avez pas été élevé aussi bien que moi, il vous faut du neuf. Laissez-moi faire, et vous en aurez avant peu de la tête aux pieds.

Toutefois il était temps que la révolution de 1830 arrivât pour sauver l'auteur de *la Marseillaise*. Le roi, qui la savait par cœur, le roi de Juillet, fils de la révolution française, tendit sa main libérale à Rouget de l'Isle. Le poëte eut une pension, il fut chevalier de la Légion d'honneur. Il retrouva pour l'aider de ses conseils et pour le guider dans sa nouvelle fortune son ancien ami Béranger.

Plus tard, par les fatals retours d'ici-bas, le jour vint où, M. Laffitte, à son tour, payant de sa ruine une popularité passagère, il fallut ouvrir une souscription pour lui conserver sa maison, cette maison qui fut le berceau d'une monarchie, et qui va disparaître au milieu de la ville nouvelle. On voit alors Rouget de l'Isle accourir et porter cinquante francs à la souscription de Jacques Laffitte... On les retrouve à chaque instant ces cruautés, ces châtiments de la fortune; et telle est l'humaine infirmité, qu'ils nous étonnent toujours.

VIII

Dieu merci, ce ne sont pas les seuls
exemples de la reconnaissance et du dévouement des poëtes de ce temps-ci. Les
lettres françaises ont donné de nos jours
un grand spectacle, qui sera plus tard un
vif sujet d'admiration pour nos neveux.
Tant d'écrivains, d'historiens, de philosophes qui pendant vingt années ont
occupé dans les assemblées délibérantes,
dans les conseils du roi, dans le journal,
une si grande place, après l'avoir si dignement occupée, ont appris à leurs neveux
comme on en sort dignement. Aussitôt
qu'ils eurent compris que c'en était fait de
leur fortune et de leur grandeur, et qu'ils
étaient vaincus par des événements plus
forts que leur courage et supérieurs à leur
prévoyance, ces bons et courageux ci-
toyens, corrigés par la fortune, honorés

pour leur propre courage, aimés pour leur constance et parfaitement oublieux de leurs grandeurs passagères, sont revenus, fiers et contents, à l'exercice assidu des belles-lettres, la gloire de leurs jeunes années, la force et l'inspiration de leur âge mûr, l'honneur, l'espérance et la consolation de leur *âge de seigneurie*, âge heureux, clément, glorifié, qui n'est plus l'âge mûr, qui n'est pas encore la vieillesse.

« O muses! mères clémentes et consolatrices! s'écrie en son latin virgilien un ancien poëte; ô chères compagnes de ma vie! hélas! qui me rendra le temps que j'ai passé loin de vous? » Cet homme avait touché aux grandes affaires de son siècle, il était grand par la renommée et par la vertu; disgracié par un maître ingrat, il revenait paisiblement et sans se plaindre aux muses clémentes de toute sa vie... Il s'appelait M. le chancelier de l'Hôpital.

Ainsi nous avons eu, et nous avons encore aujourd'hui, le consolant spectacle de tant d'écrivains excellents que la politique avait envahis, et qui, délaissés par elle, sont revenus avec une ardeur incroyable au travail, à l'ambition, au bonheur des lettrés. Les uns et les autres, ces braves gens qui ont dépensé inutilement de si rares mérites, tant de courage et d'éloquence, ils sont revenus, l'historien à ses histoires, le poëte à son poëme interrompu, le philosophe aux livres de Platon, les uns et les autres à toutes ces grandes études qui consolent de toutes les peines et qui vous font entrer si doucement dans l'austère et contente majesté de la vieillesse. « Elle vous montre souvent ce que vous ne sauriez voir, mais elle vous montre aussi bien des choses qu'il faut voir avant de mourir. » Ceci est un conseil du *Traité de la vieillesse*, et c'est surtout dans la profession des lettres qu'il y a toujours des choses à voir, à aimer, à comprendre avant de mourir. Il n'est pas bon que l'homme soit seul; ceci est écrit pour tous les hommes, mais surtout pour les poëtes. Ils ont besoin, jusqu'à leur dernier jour, d'encouragements, de conseils, de bons exemples; eux-mêmes, pendant qu'on les encourage et qu'on les protége, ils nous éclairent, ils nous guident, ils nous consolent.

L'isolement de ses dernières années a fait un grand mal à Béranger. Seul avec lui-même, il a vieilli très-vite; il n'a pas su mettre entre ses derniers jours et le *maître jour* de la mort cet heureux intervalle de loisirs studieux, de repos occupé, de paisible travail « qui donnent appétit de vieillir, » comme dit Montaigne. Soit qu'il ait été trop frappé des grands bruits que les révolutions amènent avec elles, et qui se font entendre encore à l'heure où elles ont passé; soit qu'il ait été lassé trop vite et trop tôt de plus de gloire qu'il n'en avait rêvé, et que tout lui parût presque inutile, arrivé qu'il était au sommet de cette popularité sans rivale, il fut tout de suite un vieillard. Il se figura qu'à cinquante ans un homme était mort. A cinquante ans, il était inquiet, cherchant de toutes parts un asile et ne le trouvant nulle part. Il ne savait pas toute sa force; il s'est méfié trop tôt de son génie; il s'est retiré de l'arène au moment où il avait beaucoup à faire en-

core. Aussi bien, pour la première fois de
sa vie, il a manqué de prudence en disant :
« Je me retire. »

Hélas ! pourquoi donc partir si vite et
nous quitter avant que la retraite ait sonné ?
Qui te presse, ami ? Es-tu bien sûr d'avoir
dit ton dernier mot, et te crois-tu donc
assez fort pour supporter sans peine et
sans peur la solitude abominable ? Mais
quoi ! la solitude, après tant de faveurs de
la foule, qui t'appelait son père et son dieu ;
un si complet abandon remplaçant tant de
fêtes, ce sont là de grands dangers ! Crois-
moi, ne t'en va pas encore, et prends garde
au repentir, dans ces chemins si nouveaux
pour toi. Reste où l'on t'écoute, où l'on
t'aime, où l'on te glorifie, où chacun dit,
en te voyant passer : « Le voilà ; c'est lui,
le voilà ! » En vain ces grands poëtes font
les fiers et s'imaginent qu'ils se passeront
de la foule et de ses hommages ; ils s'en
passent et ils en meurent ! Il les comptent
pour rien tant qu'ils en jouissent, et sitôt
qu'ils en sont privés, ils les pleurent. « Si
tu veux vivre honoré, va-t'en vieillir à La-

cédémone. » Ainsi parlait un ancien. Nous parlerons comme lui, nous autres les hommes sans gloire, et qui pourtant mourrions d'épouvante et de douleur si nous pensions quitter la ville avant de mourir. C'est très-vrai, pour ta vieillesse et pour ton repos, qui que tu sois, poëte enivré de louanges, pour ta gloire et pour ton intime contentement, pour tes amis et pour tes protégés, pour tes pauvres et pour tes parasites eux-mêmes, il faut vieillir et mourir à Paris, ta ville natale et ta ville adoptive. Voilà pour toi la vraie Lacédémone; les enfants se lèvent quand tu passes, les jeunes gens s'inclinent, les vieillards te saluent, l'écho même redit tes chansons, est rempli de ton esprit d'autrefois !

Béranger fut donc mal conseillé lorsqu'il prit subitement congé de ce monde, où chacun lui faisait place. Il s'était figuré qu'il avait une famille, un foyer domestique; il n'avait pour le suivre que deux vieilles femmes. L'une, il est vrai, était son amie, une amie intelligente et dévouée ! Elle avait été belle et charmante. A la voir

dans le beau portrait que publie en ce moment M. Perrotin, l'ami et l'éditeur de
Béranger, il est facile de voir que l'amour,
la santé, l'amitié, le dévouement, avaient
fait de ce beau visage un fidèle miroir. Mais
quoi, si l'amie était douce et bienveillante,
la vieille tante, une autre que la tante de
Péronne, était une femme acariâtre et mal
élevée. Elle remplissait la maison de criail-
leries et de disputes; après l'avoir longtemps supportée, il fallut la placer à Sainte-
Périne, où elle mourut au bout de six
semaines, emportant une humble part de
cette humble fortune. Ah! la méchante
femme! et songer que ce malheureux Béranger traînait après soi cette mégère ingrate, odieuse et sotte. Une Xantippe! Il
avait bien quelque part un fils assez mal
venu, triste sujet, qui ne lui causa que des
peines, en dépit des meilleurs et des plus
sages conseils. Autant de motifs pour cacher
sa vie. Cependant il ne s'exila pas tout de
suite, il vint à Passy, le doux village. Il se
logea sur la lisière du bois de Boulogne;
et, comme il aimait la promenade, il allait

au gré de son caprice, et dans ces bois
mal tenus il rencontrait souvent M. de
Lamartine. En ce temps-là, M. de Lamartine était une étoile, un météore. Il allait,
au bruit de la louange unanime, adoré
comme un dieu, honoré comme un roi. Il
montait le plus beau cheval, et pour compagnons de sa promenade heureuse, il avait
tant de poëmes, tant de songes et de beaux
chiens qui le remerciaient d'un regard at-
tendri, comme s'ils eussent été de jeunes
hommes! Eh bien, M. de Lamartine, au
milieu de sa gloire et courant après l'humble chansonnier qui va, d'un pied léger,
sur les lisières de la forêt, eut quelque
peine à faire cette conquête. Il la fit cependant : ce fut *Jocelyn* qui servit de trait
d'union entre la chanson et les *Méditations
poétiques*. M. de Lamartine a très-bien raconté ces douces rencontres, dont le souvenir le ramène à ses plus beaux jours.
Moi-même, la dernière fois que je rencon-
trai le poëte enivré de ses propres splendeurs, c'était peu de jours avant la révolution suprême! Au chant des oiseaux

arrivait l'automne ; il y avait dans l'air mille bruits pacifiques ; l'air était doux, clémente était la saison... Seulement dans le lointain se faisait entendre un sanglot inarticulé... C'étaient les Girondins qui se lamentaient au sommet des tribunes, au pied des échafauds !

Béranger a laissé dans Passy les meilleurs souvenirs ; il avait écrit une chanson en son honneur :

> Paris, adieu, je sors de tes murailles,
> J'ai dans Passy trouvé gîte et repos.

Il avait adopté pour sa promenade (il était grand marcheur) plusieurs avenues autour de sa demeure, et chacun, respectant sa solitude, le voyait de loin qui marchait en rêvant, la tête inclinée et d'un pas calme. Le pauvre l'aimait parce que son instinct, qui ne le trompe guère, lui disait : Voilà ton sincère et généreux ami (1)!

(1) A peine arrivé à Passy, il écrivait à l'honorable M. Possoz, le maire de Passy, une lettre où respire en toute sa force la bienfaisance la plus généreuse :

« Depuis que je suis à Passy, dont je ne suis

Chaque année, en décembre, au temps mauvais, il se rendait chez le maire en cachette, et, la porte étant bien close, il lui disait à voix basse : « Il faut donner à vos pauvres cinquante francs par mois, sans me nommer .., je vous en tiendrai compte. »

encore qu'un habitant forain, je n'ai pas eu l'occasion de prendre part aux charges communales de la nature de celles qui vous forcent à appeler la danse au secours de la charité; c'est donc un devoir pour moi de répondre autant que je puis à ces justes invitations.

« Ainsi, monsieur, comptez sur ma participation à ces bonnes œuvres. Mon seul regret sera que la modicité de mon revenu ne me permette pas d'y concourir plus généreusement.

« Passy, 4 juillet 1834. »

« Mon cher et bon maire, agréez ma cotisation de cette année (1845); mais si vous avez besoin de moi, dites un mot; il me reste un peu d'argent. »

On ferait un volume avec toutes ces lettres. « La charité de Béranger, nous disait M. Villemain, était toute semblable à la justice; et plus d'une fois, quand j'avais l'honneur d'être le ministre du roi à l'instruction publique, je me suis trouvé fort heureux qu'il m'ait rappelé des infortunes auxquelles le gouvernement du roi devait nécessairement songer. »

Et cela durait tout l'hiver. Or ces cinquante francs par mois, c'était son argent mignon et, comme il disait, « sa caisse d'épargne. » Il aimait à donner, c'était sa joie, et rendre un bon office était son luxe. Entrez, la porte est ouverte, il appartient à quiconque a besoin d'une aumône ou d'un bon conseil. Tant de lettres qu'il écrivait à ses amis tout-puissants (jamais pour lui, pas même pour sa tante!) vous montrent un homme heureux s'il essuie une larme. Il va, il vient, il se multiplie; il s'adresse aux amis, aux indifférents, voire aux gens qu'il ne connaît pas et qu'il n'a jamais vus. Il demande avec force, avec constance, avec bonheur, et parfois allègre et gai, avec un sourire ineffable.

Dans ce même Passy, qui plus tard s'est embelli de toutes les grâces et de toutes les splendeurs d'un jardin tracé par les fées, où sont particulièrement les deux génies les plus harmonieux de ce bas monde, Lamartine et Rossini, le premier dans une maison d'emprunt, le second dans un hôtel construit en l'honneur de son génie, il y avait, tout voisin de Béranger et se promenant dans les allées latérales, un homme admirable et que Béranger n'a pas connu. Cet homme austère, ingénieux, savant comme un bénédictin, l'anachorète de l'histoire, indulgent à tout le monde, inflexible à lui seul, pleurant sa femme, un ange, et son fils, son collaborateur, mort à vingt-cinq ans sous le poids de la pauvreté et du travail... s'appelait Amans-Alexis Monteil. Il accomplissait en silence, à jeun souvent et sous un toit sans feu, un des plus grands livres que l'histoire ait jamais inspirés : *Histoire des Français des divers états.* Pauvre et brave Monteil ! que de labeurs, que de souffrances, quelle misère et quelle abnégation ! Comme il eût été consolé, cependant, s'il eût rencontré en ses sentiers ce poëte enfant du peuple, qui toute sa vie avait célébré les labeurs, les passions, les doutes, les croyances, les haines et les amours de ces travailleurs *des divers états* dont lui, Monteil, il s'était fait l'historien !

Mais cette chère consolation ne fut pas

donnée à M. Monteil. Il passa, sans le savoir, à côté de l'espérance ; il n'obtint pas
ce qu'il eût obtenu sans doute du poëte,
son frère et son contemporain, la plus
grande récompense qu'il eût reçue en toute
sa vie, un couplet dans quelque chanson
populaire. Et toujours seul, toujours livré
à ses propres forces, acharné à son œuvre,
il éleva lentement son monument, plus du-
rable que l'airain. Enfin, quand il fut à
bout de sa peine, et quand il se sentit
vaincu du temps, à soixante et dix ans
qu'il avait, il porta son isolement, sa vieillesse et ses chagrins non loin de Fontainebleau, dans un petit village appelé Cély.
C'est dans le cimetière de Cély que quelques amis de M. Monteil, en se cotisant,
ont amassé de quoi poser une pierre sur
sa tombe ; et si l'épitaphe inscrite sur ce
monument funèbre, ami passant, vous paraît trop laconique et trop obscure, il faut
bien que vous sachiez pourquoi donc si
peu de louanges après sa mort, à cet
homme qui fut si peu loué de son vivant.
C'est que l'argent nous a manqué pour

inscrire sur cette pierre abandonnée aux vents d'hiver les regrets de notre esprit et le deuil de notre cœur.

Sur l'entrefaite arriva, dans son bruit terrible, une autre révolution, la révolution de 1848. Certes, prenant Lamartine et le grand Arago, la révolution de 1848 eût fait du chansonnier un de ses chefs, si Béranger eût daigné y consentir, et ce fut vraiment alors, pour la seconde fois, que l'on comprit à quel point cet homme était sincère lorsqu'il refusait obstinément les emplois, l'autorité, les honneurs. La révolution nouvelle eut grand'peine à obtenir de son dévouement à la chose publique qu'il acceptât une place à l'Assemblée législative, et même il eut en ce moment une de ces paroles qui ne sont qu'à lui : « Êtes-vous bien sûrs, dit-il aux gens qui l'entouraient, qu'un traitement soit attaché au mandat que vous me proposez ? » Alors un de ces malheureux qui ne voient que le gain : « Si vous serez payé ! s'écria-t-il, mais certainement, vous aurez vingt-cinq francs par jour ! — Bon cela, dit Béranger, ça me convient... Je pourrai donner ma démission. »

Cependant il fit encore ses efforts pour n'être pas nommé. Il était si vieux! disait-il aux électeurs; il avait si grand besoin de repos! il serait si déplacé dans une assem-lée *où l'on se montre, où l'on parle...* Il eut beau dire, il fut porté à l'Assemblée législative par l'acclamation universelle. Mais quoi d'étonnant? il était pour ainsi dire, à lui tout seul, le suffrage universel. Dans cette assemblée où le cherchaient tous les regards, au milieu de tant de têtes énergiques, passionnées, intelligentes, Béranger, calme et silencieux, sinon triste et muet, contemplait cette histoire improvisée et qui devait durer si peu. En même temps, il regrettait ses loisirs; il était au bout de ses sacrifices; il redemandait sa liberté, priant son ami le peuple de l'*exonérer* de ce mandat. L'Assemblée apprit avec douleur cette démission qui la privait d'une de ses gloires, et, d'une voix unanime, elle refusa de l'accepter. Béranger courba la tête, mais, peu de jours après, il revenait à la

charge, et d'un ton plus ferme il redemandait sa liberté perdue et tant regrettée :
« Voici, disait-il, la première fois que je demande quelque chose à mon pays ; que ses dignes représentants ne repoussent donc pas la prière que je leur adresse, en réitérant ma démission, et qu'ils veuillent bien pardonner aux faiblesses d'un vieillard, qui ne peut se dissimuler de quel honneur il se prive en se séparant d'eux. »

Il fut impossible de résister plus longtemps aux supplications de cet ami de la vie à l'ombre et du silence. Il fut libre enfin, mais la France était sûre qu'il resterait attentif à la chose publique, et que, hors de l'Assemblée, il n'oublierait pas le mandat de ces deux cent quatre mille quatre cent soixante et onze électeurs qui voulaient sauver la patrie au désespoir.

Nous aurions dû parler, avant d'arriver à ce moment suprême, de ses derniers efforts et de ses dernières espérances ; nous aurions dû raconter sa vie errante, et ce besoin de calme et de repos qui le poursuivait sans cesse et toujours. Il avait quitté

Passy, qu'il trouvait trop près de Paris, de
ce Paris « où je trouverais du moins, avec
un peu de peine, ces douces relations de
l'amitié qui consolent de tant de choses, »
écrivait Lamennais à Béranger, et ils s'é-
taient transportés, lui, Mlle Judith, les deux
chats et l'éternelle tante, à Fontainebleau,
attiré qu'il était par la vaste forêt et surtout
par la solitude. A peine installé si loin de
ses amis, et quand il eut posé ses meubles
vermoulus dans sa maison et parcouru
vingt fois son petit jardin, il découvrit que
l'eau était crue et rude à son estomac délabré. Il trouva bientôt (c'était surtout l'o-
pinion de Mlle Judith) que le vent était
froid, que l'hiver sévissait cruellement, que
son enchantement de forêt diminuait avec
ses forces. Il croyait en même temps que
cet implacable ennui, qu'il ne voulait pas
s'avouer à lui-même, lui venait encore du
voisinage de Paris. Paris l'attirait à son
insu ; les bruits de Paris bourdonnaient
autour de sa tête lassée. Il cherchait en
vain la rime au coin des bois, cette rime
qu'il trouvait si facilement dans la foule.

Hélas! il était seul, sans inspirations, sans espérances. Paris pouvait le sauver, mais, retenu par une fausse honte, il s'en va de Fontainebleau dans la Touraine : on lui avait tant parlé du jardin de la France, tiède en hiver, frais en été; on lui avait tant promis des fleurs, des fruits et son rêve... *la vie à bon marché!* Donc, encore une fois le voilà qui traîne à travers les chemins son mobilier déchiqueté sur une charrette, et qui s'en va, avec Mlle Judith, la tante et ses deux chats, cherchant un nouvel asile. Il eut grand'peine à le trouver. Telle maison était trop grande et telle autre était trop petite; tantôt le jardin l'attirait, mais la maison n'était pas logeable. Ah! que de peines et d'inquiétudes! Mais, enfin, il rencontra, faite à souhait pour son repos, une maison déjà célèbre appelée *la Grenadière* (1). Voici comme il en parle agréablement :

Nous aurons un jardin de facile entretien : le

(1) Ici encore la bise et le froid mettent le poëte à la torture, et voici comme il s'en explique avec son

closier du propriétaire pour voisin, avec sa
petite famille et sa vache; une allée de tilleuls
pour mes promenades; un clos de vignes de
deux arpents, qui ne fait pas partie de la loca-
tion, mais qui embellit l'habitation; un parterre
et quelques jolis arbres, un potager et quelques
fruits : tout cela, comme vous le voyez, est
bien séduisant. Ajoutez que le fameux médecin
de Tours (M. Bretonneau), homme aussi connu
à Paris qu'ici, passe trois ou quatre fois par
jour devant la maison pour aller à la sienne,
et, de plus, apprenez qu'il y a à deux pas un
restaurateur en renom pour les matelottes.

Heureuse Grenadière! elle aura la durée
et le renom de Tibur ou de la vallée de
Montmorency dans les *Confessions* de Jean-

amie, Mme Thirau : « Je vous dirai qu'il gèle et neige
assez joliment en Touraine; la Loire a même envie
de se prendre au pied de notre château. Vous ne
sauriez croire combien je deviens sensible en toute
chose, au physique et au moral..... Il était temps
de faire retraite devant le monde, avant qu'il s'aper-
çût de cette dégringolade rapide. Comme les enfants,
il rit de tous ceux qui tombent... Mon estomac est
délabré, grâce à l'air vif des bords de la Loire, et aussi
à l'eau de ce fleuve, dont j'ai ait abus... »

Jacques. On la verra éternellement dans les œuvres de M. de Balzac et dans les lettres de Béranger, cette humble habitation située sur la rive droite de la Loire, en aval et à un mille environ du pont de Tours. En ce bel endroit, la rivière, large comme un lac, est parsemée d'îles verdoyantes et bordée par une roche sur laquelle sont assises plusieurs maisons de campagne en pierre blanche, entourées de clos de vignes et de jardins où les plus beaux fruits du monde mûrissent à l'exposition du midi. « Patiemment terrassés par plusieurs générations, les creux du rocher réfléchissent les rayons du soleil et permettent de cultiver en pleine terre, à la faveur d'une température factice, les productions des plus chauds climats. Dans une des moins profondes anfractuosités qui découpent cette colline s'élève la flèche aiguë de Saint-Cyr, petit village duquel dépendent toutes ces maisons éparses. Puis, un peu plus loin, la Choisille se jette dans la Loire par une grasse vallée qui interrompt ce long coteau. *La Grenadière,* sise à mi-côte

du rocher, à une centaine de pas de l'é-
glise, est un de ces vieux logis âgés de
deux ou trois cents ans qui se rencontrent
en Touraine dans chaque jolie situation. »

Et quand il fut bien installé, au milieu
de tous ces ravissements des premiers
jours, comme un ami prévoyant (M. Laffitte) lui écrivait pour le supplier de ne pas
s'obstiner dans cette solitude où il devait
s'ennuyer plus encore qu'à Fontainebleau,
Béranger écrivait à cet ami que la nécessité le voulait ainsi, et qu'il ne songeait
plus qu'à mourir.

N'allez pas trop admirer ce que vous ne
manquerez pas d'appeler mon désintéressement :
vous savez que je suis las du monde. Chaque
jour je m'en éloigne davantage. Il en est de lui
comme du théâtre : dès qu'on en a perdu l'habitude, on ne peut plus y remettre les pieds.
La retraite est le but de mes désirs. Je veux
terminer mes jours loin du bruit et d'une société
qui finirait peut-être par me rendre misan-
thrope. Je tiens à conserver ma foi dans l'hu-
manité. Quant aux privations matérielles, songez
ue c'est pour m'en imposer le moins possible

que je prends le parti de m'éloigner de Paris.
Je veux sauver mon sucre et mon café du naufrage; et puis, quand je serai loin du monde,
j'aurai le temps de travailler. Qui sait si ce n'est
pas là ce qu'il me reste à faire encore? Vous
voyez donc que le parti que je veux prendre
sera moins une dégringolade qu'un arrangement
de position. Je me retourne dans mon lit, voilà
tout !

En même temps il envoyait à son ami
la description de *la Grenadière* par M. de
Balzac; même c'est une chose étrange que
ce poëte, le plus positif de tous les hommes, s'abrite ainsi sous le caprice et la
narration du romancier le plus habile à
montrer en beau toutes les choses qui lui
paraissent belles. Eût-il été fier et content,
M. de Balzac, s'il eût appris que Béranger
lui-même était tombé dans ses piéges poétiques! Au premier abord, pour notre chansonnier et pour ses compagnes, rien n'était
plus aimable et plus charmant que cette
Grenadière. Il est sûr d'y vivre; il s'estime
un homme heureux s'il y meurt. Le voilà
déjà bien clos, bien casé; la huche et le

bûcher sont pleins; les pigeons multiplient, le jardin promet; Béranger sème et plante: il est jardinier.

Ses arrière-neveux lui devront ces ombrages...

Vain espoir! « Tu peux changer de ciel, tu ne changeras pas ton esprit et ton âme. » Ainsi parle Horace à Béranger son frère, à deux mille années de distance! Au bout d'une année à peine, *la Grenadière* avait perdu tout son charme aux yeux du solitaire. Il avait trop chaud en été, Mlle Judith trouvait que l'hiver était trop froid.

« Je dis souvent que les environs de Paris sont cent fois plus beaux que les bords de la Loire. Ici, personne n'en veut convenir. Rien n'est pourtant plus vrai. La Touraine a fait sa réputation à une époque où nos autres provinces étaient moins bien cultivées, et lorsque la cour, fixée longtemps de ce côté, y avait attiré l'argent féodal, qui a créé bon nombre de charmantes habitations. Depuis lors, la culture améliorée partout, l'argent entassé surtout

à Paris, et la royauté s'y fixant à demeure, ont
dépassé les merveilles de la Touraine, qui n'ont
pu d'ailleurs que dépérir ; témoin Chambord,
témoin le Plessis et mille autres habitations
semblables. Cela n'empêche pas *la Grenadière*
d'être pour moi une douce et précieuse retraite,
en dépit du printemps qui tarde bien à y venir
donner son coup de pinceau. Puisse la vôtre
être aussi paisible ! »

Vous le voyez, en ce moment il résiste
encore à l'attrait tout parisien qui le
pousse ; il est fidèle à *la Grenadière*, il n'en
veut pas sortir, mais bientôt, Dieu soit loué,
voici que notre homme, en son bon sens,
a trouvé une excuse irrésistible aux nouveaux changements qui vont venir. Il n'y
a rien de plus charmant que *la Grenadière*,
à coup sûr, mais l'*économie* et le *bon ordre*
exigent que le poëte, à l'instant même,
abandonne sa chère et douce solitude. O
malheur ! *il a écorné l'équilibre de son budget
domestique !* Il a trop écouté sa passion de
verger et de jardin ! encore une année, il
est ruiné, et *fouette cocher, à l'hôpital !*
Écoutez-le racontant sa peine à une char-

mante femme, Mme Lemaire, qui l'écoute
en souriant.

« Bon Dieu ! ma chère, qu'il y a d'insensés,
nous deux compris ! Croiriez-vous que je me
suis mis à la gêne par suite de mon horticul-
ture, non pas pour les plantations, mais en-
traîné par toutes les dépenses d'une habitation
complète. Ce n'est pas en meubles, en cuisine,
que je me ruine, mais en une foule de petits
frais dont il est presque impossible de se rendre
compte. Aussi, moi, qui tranche dans le vif,
je résous déjà, pour éviter ce coulage, de me
mettre, à la fin de mon bail, dans un petit logement en ville : une pièce pour Judith, une
pour moi, une autre pour les repas, avec de
quoi loger une bonne. J'irai me promener dans
le jardin des autres. J'ai déjà organisé mon
chauffage : une chaufferette sous mes pieds, une
couverture sur mon dos ; et, certes, j'aurai
moins froid que cet hiver dans ma mansarde,
où j'ai eu constamment du feu. Voilà mon château en Espagne ; et le vôtre, quel est-il ? »

Et comme il dit, il fait, là, tout de suite,
inexorable à lui-même. Adieu *la Grenadière !* adieu aux belles fleurs du prochain

avril ! adieu à l'arbre à peine planté ! « Me
voilà réduit à la portion congrue ! » Et sans
verser une larme, sans pousser un soupir,
il abandonne son humble château pour un
petit logement qu'il trouve à Tours, dans
une rue à peu près déserte. On pourrait
être mieux, mais il s'y trouverait bien « si
la maisonnette avait une chambre assez
chaude pour Judith. » Et puis, ils sont bien
seuls ; encore est-il heureux d'avoir à sa
portée « un brave garçon » qui, en cas
d'accident comme je dis toujours, pourra
aller chercher le pompier, la garde, ou le
médecin. » Cependant, non loin de sa maisonnette (rue Chanoineau), il y avait une
espèce de palais entre une cour et un
jardin, que M. Baour-Lormian, un des
plus tristes poëtes qui aient attristé la
poésie, occupait au prix de deux mille
francs de loyer !

C'est ce même Baour-Lormian que Béranger avait recommandé pour un emprunt
d'argent à M. Laffitte ; ce même Baour-
Lormian qui, parlant de l'usurpateur, se
plaignait que ce monstre *l'eût flétri d'une*

pension de six mille livres. O rencontres!
hasards! drames étranges! Le grand poëte
attend impatiemment qu'il ait soixante
ans, pour aller à l'hôpital. Le faiseur de
vers *flétri* de toutes sortes de pensions ne
se doute pas que l'on puisse honorablement
habiter un grenier de la rue Chanoineau!
Celui-ci a tendu la main toute sa vie, une
impuissante main, faite pour ces aumônes
que les gens sans mérite et sans talent ar-
rachent aux ministres sans prévoyance;
celui-là, austère à lui-même, orgueilleux
du plus noble orgueil, plein de respect pour
son génie et de dignité pour sa personne,
se croirait déshonoré s'il ne vivait pas du
peu qu'il a gagné avec tant de gloire et
tant d'honneur.

« Vous pensez bien que je ne me désole pas
de cette déconfiture, écrit-il à son ami Bernard, moi et ma vieille amie nous allons vivre
sur le pied de dix-huit cents francs, ce qui me
permettra de servir encore treize cents francs
de pension que je me suis imposé.
« Vous voyez que je suis en mesure de vivre.
J'ai une telle habitude de ces petites tempêtes

- que je n'en fais que rire. Quand il m'arrive, dans mes promenades, d'essuyer de fortes ondées, quelquefois d'abord je m'en fâche, parce que ma course est interrompue, puis, pensant au bel âge où si gaillardement j'éprouvais de semblables lessives sans avoir de vêtements à changer, je me fais mouiller avec plaisir, comme si je rajeunissais à la pluie. Il en est de même quand un nuage de pauvreté vient encore à crever sur moi : je me revois au temps où je n'aurais souvent pas dîné sans le crédit que voulait bien me faire un petit traiteur de la rue des Prouvaires. Ce sont là mes retours de jeunesse ; et je puis m'en vanter, car je me trouve le même courage pour braver les averses ; seulement alors j'avais assez d'imprévoyance pour n'en pas moins régaler mes amis dans l'occasion. »

Cependant, à peine il eut quitté *la Grenadière* et sitôt que la nouvelle en courut à Paris, les amis du poëte s'inquiétèrent, et quelques-uns poussèrent les hauts cris. Le premier de tous, M. de Chateaubriand, à l'heure où lui-même il abandonne, et pour n'y plus revenir, sa maison de la rue d'Enfer, Chateaubriand, ruiné, s'arrête au milieu du chemin par lequel il déménage, pour offrir de sa bourse à Béranger l'argent que peut coûter l'entretien du jardin de *la Grenadière*. Ah ! je voudrais aller plus vite, et vous tirer de ces récits douloureux ; mais le moyen de passer sous silence une lettre amicale de M. de Chateaubriand qui lui fera pardonner toutes ses lettres d'amour ?

Chateaubriand à Béranger.

« Toujours avec mon malheureux rhumatisme à la main droite, jusqu'à ce qu'il plaise au soleil de m'en débarrasser, je suis obligé de me servir de la main du fidèle Pilorge.

« Monsieur, il me semble que nous veillons l'un sur l'autre. J'ai eu peur de votre pauvreté, voilà que vous avez peur de la mienne ; mais la vôtre est toute ronde, d'une marche uniforme et d'un bon caractère ; la mienne est quinteuse, elle a quelquefois l'air de dégringoler par mon escalier et de me laisser avec des écus ; puis elle rentre soudain par la fenêtre ; j'aimerais bien mieux un lit assuré dans quelque grenier d'un hôpital. Pourtant., monsieur, je vous remercie de grand cœur; soyez tranquille cette fois; la banqueroute (la banqueroute du libraire Ladvocat) me cause bien quelque embarras, mais elle ne m'atteint pas encore réellement. Vous êtes bien heureux, vous êtes sûr de vivre dans cette vie et après cette vie; ce que vous chantonnez maintenant au coin du feu est quelque immortalité dont vous faites fi parce que vous êtes rassasié; moi j'achève mes tristes *Mémoires*. Ils seront complets vers la fin de l'année, et si je reste encore quelques jours sur cette terre, je compte les passer assis et les bras croisés à regarder le ciel. La politique, vous savez que depuis longtemps je n'y crois plus.; peuples et rois, tout s'en va; liberté et tyrannie ne sont à craindre ou à espérer pour personne. Une chose seulement me fait rire, c'est qu'il y a des hommes d'esprit qui prennent tout ce qui se passe au sérieux; ils ne s'aperçoivent pas qu'ils assistent à la mort d'une vieille société, et qu'eux-mêmes ne sont plus que des malades incurables dans un hospice.

« Je suis allé plusieurs fois chercher l'abbé de Lamennais. Je l'ai rencontré par hasard, car les trois quarts du jour il ferme sa porte ou il se retire chez des amis aux environs de Paris. »

La lettre de M. de Lamennais est empreinte du même chagrin, avec plus de grâce et d'abandon.

« Votre philosophie à vous, mon cher ami, vaut mieux que la mienne ; c'est de la philosophie pratique, la plus rare de toutes et la plus difficile. Il semble que, puisque vous êtes satisfait de votre position, j'en devrais être satisfait aussi ; et pourtant non. Je regrette votre *Grenadière* ; je ne saurais m'habituer à ne plus vous voir dans votre beau jardin au milieu de vos fleurs, la serpette à la main, comme le vieillard du poëte. Votre repos me reposait dans ma bruyante mansarde, je jouissais du calme qui vous entourait, je respirais l'air pur et frais et doux de vos coteaux. Comment voulez-vous que je renonce sans tristesse à tout cela. »

Et chacun de le plaindre, et Béranger de répondre à chacun : « Ce n'est rien ! calmez-vous ! je suis plus riche encore (et cela est vrai) que M. de Chateaubriand ou M. de Lamennais. Les cinq ou six cents francs que j'ai dépensés mal à propos, je les regagnerai bien vite ! Au fait, je voudrais bien que

M. de Chateaubriand se trouvât bien dans la nouvelle demeure qu'il s'est choisie. Je voudrais qu'elle lui fît oublier les fleurs, les arbres, les oiseaux qu'il va quitter. Dites-lui, d'après mon exemple, qu'ils seront in-grats aussi. Il n'en sera pas de même des amis, et j'espère qu'il me place au nombre des plus reconnaissants. »

Mais quoi! Béranger, faute d'un toit (le toit dont nul n'a le droit de vous chasser) qui fût à lui, devait mener jus-qu'à la fin de ses jours une vie errante. Il avait beau faire et se tromper lui-même. il regrettait, sans en convenir, « un peu de ce bruit qui ne déplaît pas aux vieil-lards. » Il était (dit-il) semblable à cette vieille dame, condamnée à garder le lit, et qui disait à ses amis : « Parlez, parlez, pour me prouver que je suis vivante! » A la fin donc il comprit que Paris le rappe-lait, et il ne résista pas davantage... Quoi d'étrange?

Voilà donc le poëte vagabond rendu, après tant d'hésitations, à sa vie, à ses amitiés de

tous les jours. Ce voyage aux pays loin-
tains l'avait dégoûté de la solitude et des
silences trop profonds. Comme il était de
bonne foi avec lui-même (il l'était avec
tout le monde), il convint qu'il avait perdu
sa peine à se bâtir des châteaux en Espagne. A cette heure, il cherchait un château
d'un tout autre genre... une chambre à
Sainte-Perrine... ou tout au moins « *l'é-
picurisme* de la maison garnie et de la table
d'hôte ! » Il s'en voulait des arbres qu'il
avait plantés, des pigeons qu'il avait nour-
ris, des fruits de ses espaliers, des fleurs
de son jardin, même « de la pelle à braise
qui lui servait de bêche, et du marteau
dont le manche lui servait de plantoir ! »
Pour peu qu'il rencontre aux portes de
Paris « un verre, une assiette, une carafe,
une fontaine filtrée, et, le dirai-je ? *un cabinet
de lecture,* » il est content, il n'en veut pas
davantage ; il hait le ménage et les soucis
de la maison ; il faut qu'il aille et qu'il
vienne au gré de sa fantaisie, au gré de sa
bonté naturelle ; il veut encore appartenir
à quiconque a besoin de son temps, de son

argent, de son crédit, d'un bon exemple ou d'un bon conseil ! « La meilleure vie est la plus commune, » a dit Lucien dans un de ses dialogues où il se moque à sa façon de la philosophie et des philosophes... Béranger eût été bien content de cette explication de Lucien.

IX

Pendant que nous parlons si librement et si volontiers de ce brave homme, il arrive, aujourd'hui même, que sa douce et chère mémoire se complète par la lecture des meilleures lettres, les plus sincères, les plus originales et les plus neuves qui aient été publiées de nos jours. Grâce à ces lettres, les chansons de Béranger n'ont plus besoin de commentaires, sa *biographie* est complète et peut se passer de toute autre explication. C'est donc pour nous, et non pas pour lui, que nous inscrivons, dans ces pages éphémères, ces précieux fragments d'un livre qui va paraître et qui ne doit pas mourir :

Août 1847. — « Quel spectacle ! Ce vieux Sébastiani, paralysé aux trois quarts depuis plus de douze ans, que la mort épouvantable de sa fille va précipiter si douloureusement dans le tombeau... S'il fût mort il y a quelques mois, ce vieillard aurait pu bénir sa destinée ... Vieillissez donc ! »

19 janvier 1848. — « Mon cher Génin, voici *Raphaël*, lisez-le le plus promptement possible, et le renvoyez bien proprement enveloppé à Mᵐᵉ Colet, rue de Sèvres, 21, vis-à-vis la grande fabrique d'académiciens nommée *l'Abbaye-aux-Bois*. »

2 mars 1848. — « J'ai eu peur de la République pour la République, en la voyant naître aussitôt, à l'improviste ; mais les républicains sont à l'abri de tout reproche... Lamartine a été admirable, et la France ne reconnaîtra jamais assez le service qu'il lui a rendu au mépris de ses jours.

« Je suis resté à cette révolution ce que j'ai été il y a dix-huit ans. Il y a quelque adresse à moi à ne pas me fourrer où mon nom eût pu être prononcé. Au reste, il y a toujours trop d'hommes pour remplir une fonction que mon caractère me ferait remplir fort mal.

« Mon ami Jean Reynaud, je n'ai jamais su que chanter, je n'ai jamais su que causer, je n'ai jamais su disserter, ainsi je vous donne ma démission de votre commission des hautes études. »

Passy, 29 mars 1848. — « Monsieur le président du club de *l'Union*, vous ne voudriez pas qu'un pauvre vieux rimeur allât jouer un rôle inutile et ridicule au milieu d'une assemblée qui a besoin de jeunesse et de science, d'énergie et de talent. — Rappelez-vous Newton, que les Anglais voulurent avoir dans leur Parlement. Tout grand homme qu'était celui-là, dans toute sa vie parlementaire il ne dit que cette seule phrase : « Fermez la fenêtre, M. l'orateur va s'enrhumer ! » Moi, vraisemblablement, je ne dirais que celle-ci : *Ouvrez la porte, je veux m'en aller !* »

28 avril 1848. — « J'ai vu hier mon pauvre vieux Chateaubriand qui va finir sous le poids d'un catarrhe. Au reste, sa mort sera la mort d'une ombre, et le spectacle est douloureux de voir comment s'évanouit cette belle et grande intelligence. Auprès du pauvre vieillard veille une autre ruine, la belle et célèbre Mᵐᵉ Récamier. Elle a soixante et onze ans ; frappée de cécité, elle gémit de ne pouvoir être utile à son malade. »

Peu d'années avant la mort de M. de Chateaubriand, Béranger, par un pressentiment étrange, avait rendu visite à la tombe du poëte, son ami.

A M. de Lamennais.

« Dans la tournée que je viens de faire et
que j'ai allongée pour éviter Paris, dont j'ai si
grande peur, j'ai passé à Saint-Malo. Comme
je ne voulais pas m'y faire connaître, c'est à
tâtons que j'y ai cherché la maison où vous
êtes né, et je l'ai fait si maladroitement que je
ne l'ai pas trouvée, dans les quelques heures
que j'ai eues pour visiter votre rocher natal. La
marée m'a aussi empêché d'approcher autant
que je l'aurais désiré du tombeau de Chateaubriand. En l'apercevant si petit, je me disais
qu'il vaut mieux tendre la main quand on veut
nous donner des dragées que de prendre dans
le cornet. Notre modestie nous empêche de
fourrer les doigts assez avant. Quel pauvre
petit tombeau notre ami s'est fait là ! Il aura
mieux que cela un jour. »

2 *octobre* 1848. — « Mon ami Trélat, accordez-moi, pour une pauvre aveugle de
soixante-quatorze ans, un lit à la Salpêtrière.
— Les socialistes ont voulu me porter à la
présidence, la plaisanterie était bonne, j'ai pris
la fuite et je cours encore ! — Je suis bien
vieux, mais que de sottises j'ai encore à voir !

— La seule qualité que je me connaisse est de n'avoir jamais envié, quand j'étais inconnu et pauvre, la fortune et les succès d'autrui. — Chateaubriand me disait souvent : « Je me suis toujours ennuyé. » Toujours je lui répondais : « C'est que vous ne vous êtes pas occupé des autres. » Sa femme, esprit fort singulier, s'écriait : « Vous avez bien raison ! vous avez bien raison ! »

15 *septembre* 1849. — « Ah ! mon pauvre ami, quel beau livre que l'Évangile ! C'est le plus magnifique poëme qu'il soit possible à l'homme de lire. Aussi est-il le plus simple de tous les poëmes. Lisez-le souvent, ce livre-là a été fait pour vous. Il vous fera pardonner même à ceux qui depuis dix-huit cents ans en on fait un si détestable usage. »

— « Ma chère enfant, tu vivras assez long-temps pour voir s'éteindre ma réputation. Pourquoi se faire toutes ces illusions ? Pauvres petits soleils de trois sous, nous brillons de quelques grains de poudre, l'instant d'après l'enveloppe est foulée aux pieds des passants !

« Parlez-moi de ceux qui se font un privilége de leur réputation pour arriver à tout. On les appelle des vaniteux : non, ils ne sont que conséquents. C'est d'un sot d'avoir fait du bruit sans l'aimer; d'avoir marché dans le chemin des honneurs pour les repousser ; de s'être vendu au public sans en tirer une fortune. Mieux valait rester obscur et paisible dans son coin. Voilà près de vingt ans que je me dis cela. Aussi l'envie de rire me prend quand on me félicite du bonheur accordé à ma vieillesse. Ce que j'ai de bonheur, je ne le dois qu'à mon caractère et à ma santé, qui, malgré quelques atteintes, n'est pas aussi mauvaise que celle de beaucoup de gens de mon âge.

... « Hélas! ma verve est complétement tarie. C'était mon dernier plaisir, et j'espérais qu'il me serait fidèle jusqu'au dernier jour. Et mon pays si tristement ballotté par tant de petits hommes et de petites passions! n'est-ce pas là une grande douleur? Malgré tout, je conserve encore assez de résignation pour me trouver un fonds de gaieté pour les autres... »

« *Mai* 1851.—J'ai vu Lamartine, il y a deux jours ; il a un rhumatisme : c'est son mal habituel. Oh! non, il en a un plus habituel et plus grand encore, c'est le besoin qu'il s'est fait d'un travail incessant, auquel je ne conçois pas que le pauvre homme suffise à son âge; car il a soixante ans (M. de Lamartine est né à Châlon le 21 octobre 1790), quoi qu'il dise. Qu'il vaut mieux avoir toujours vécu de peu, comme j'ai été réduit à le faire, que de tomber de si haut sur la chaise de paille de l'écrivain public, où cependant il produit encore de bien belles choses, même des choses plus naturelles peut-être que celles qui ont fondé sa gloire !

« Ce que j'admire en lui aujourd'hui, c'est le courage ; il en faut moins, selon moi, pour résister à la foule aveugle et furieuse que pour faire le métier qu'il fait.

« Lamartine... Sa gêne est pour beaucoup dans ses souffrances. Il y a bien à le plaindre quand on voit l'abîme où il me semble s'enfoncer chaque jour davantage. Malgré sa gêne, bien plus pénible que les nôtres, je l'ai vu donner encore deux cents francs pour de pauvres orphelins dont il a pris la charge, et cela sans y mettre la moindre vanité ; car c'est bien par hasard que j'ai été le témoin de cet acte de bienfaisance, au moment où il parlait de vendre des objets qui lui sont chers pour suffire aux dépenses d'annonces pour son journal, qui ne me paraît pas aller aussi bien qu'il l'espérait.

« Vous me parlez du *Civilisateur,* qui ne doit plus compter dans les espérances de Lamartine. L'*Histoire de la Constituante* sera, je crois, pour lui, d'un bénéfice plus certain. Mais ce ne sera qu'un radeau et non un port. Je suis toujours préoccupé de ce naufrage, qui m'afflige tant, et ne conçois pas que quelqu'un ne vienne pas tendre la main à l'homme qui se noie. Il y a bien de l'ingratitude dans notre pauvre espèce. Enfin ! »

Parfois, quand il revient à la Muse, à son art, aux belles œuvres qu'il a toujours aimées, il en parle à merveille, il en parle en maître :

« Un plan bien conçu, c'est un grand chêne où viennent se nicher d'eux-mêmes tous les oiseaux de la contrée : c'est-à-dire où les épisodes trouvent naturellement leur place. Les épisodes exigent aussi des compositions, et Virgile me paraît à cet égard le plus heureux modèle. Pardonnez-moi de vous citer Homère et Virgile, à moi qui ne sais ni grec ni latin.

« Le naturel est le chemin de l'idéal ; mais c'est l'art qui doit y passer, c'est-à-dire l'intelligence conduite par le goût.

« Savoir choisir, voilà le goût. Le beau dans l'art ne vient peut-être que du choix dans le vrai. »

*A M*lle *** .

« Ce ne sont pas les bons vers que l'Acadé-
mie couronne, mais les beaux vers, bien ron-
flants, bien travaillés, et dont la lecture peut
produire de l'effet sur un auditoire amoureux
des tirades ampoulées. Or vos vers ne sont pas
de ceux-là. Vous visez à dire quelque chose, à
le dire le mieux possible et même le plus simplement du monde. Vous aurez donc toujours
peu de chance à l'Institut. Au reste, l'Acadé-
mie n'a pas trop de tort. Elle est dans la condition d'agir ainsi. Ce qu'elle devrait faire, ce
serait de renoncer à ces malheureux prix : il
vaudrait mieux couronner, chaque année, le
meilleur volume de poésie publié, quel que fût
le genre, hors pourtant les publications en pa-
tois, si grand qu'en fût le mérite, car l'Acadé-
mie est fondée pour le maintien et l'extension
de la langue française. C'est une des grandes
idées de Richelieu. »

Toute cette dernière partie appartient
au deuil, à la tristesse, aux regrets du
temps présent, à la peur de l'avenir :

« Vous savez que les farouches de l'exil ont

condamné à mort Hugo, Louis Blanc et même Ledru-Rollin : la condamnation a, dit-on, été publiée. »

La mort de M. de Lamennais le frappa comme un coup de foudre ; il n'y pouvait pas croire ! Il était malade, il sortit de son lit pour rendre à ce mort illustre et qu'il avait tant aimé les suprêmes devoirs.

« Au milieu d'une lutte assez courte entre les hommes de police et les jeunes gens qui avaient cru au droit d'exprimer des sentiments honorables, je n'ai cessé d'être protégé et j'ai pu arriver à la fosse commune où a voulu être déposé l'auteur de l'*Indifférence en matière de religion* et de l'*Esquisse d'une philosophie.*

« S'il n'est pas mort en chrétien, c'est qu'il ne l'a pas voulu ; car, bien qu'on ait dit, l'on a obéi à toutes ses volontés, la lucidité de son esprit ne l'a pas abandonné, et personne n'eût pensé à lui désobéir. Jamais homme ne s'est vu mieux mourir jusqu'au dernier moment et ne s'en est montré plus satisfait, au dire des amis dévoués qui l'ont veillé jusqu'au dernier soupir. Quel Breton ! Sa nièce, qui est sa légataire universelle, femme très-dévote, n'a rien pu gagner sur lui. »

L'agonie et la mort de Mlle Émilie Manin, que le grand peintre et le très-honnête homme Ary Scheffer (Ary Scheffer, difficile aux choix de ses modèles, a fait le portrait de Béranger) a portée précieusement dans le tombeau de sa propre mère, où luimême, et sitôt, il devait descendre après Manin, le père d'Émilie, fut une des grandes douleurs de notre poëte. Il resta frappé d'épouvante au lit de mort de cette enfant de l'exil qui demandait la mort à grands cris, par pitié même pour son père !

A M. Bretonneau.

« Cher ami, je vous écris le cœur navré. J'ai vu la pauvre malade dans un des accès qui se succèdent depuis cinquante jours. Quelle horrible souffrance ! Quelle qu'en soit la violence, la malheureuse fille conserve toute sa raison. Il faut entendre les pardons qu'elle demande à cet excellent Manin, qui reste là muet, anéanti. Ce que je ne puis comprendre, c'est qu'en ses tortures elle demande, quoi ? un accès d'épilepsie pour la soulager de son autre martyre qu'elle nomme magnétisme. Elle fait la description et la distinction des deux maladies qu'elle s'obs-

tine à ne pas confondre, sans toutefois nommer
la dernière, dont le nom seul lui cause de l'ef-
froi, et qu'elle prétend ne lui être venue que depuis quatre ans. Elle vous a entendu parler du
sang, et veut qu'on ne lui dise plus que ce
mot. C'est le sang, dit-elle. Elle la dépeint
comme un réseau de cordes qui la serre dans
tous les membres et la force, par de doulou-
reuses contractions, à des mouvements invo-
lontaires qu'elle ne peut dominer. Elle montrait
ses pauvres doigts recroquevillés, qu'il lui était
impossible de ramener à la position naturelle.
Que devait être tout son corps? Il me semblait
voir une déviation de l'épine dorsale pendant
qu'elle me parlait. »

A raconter les misères dont il est touché
jusqu'au fond de l'âme, il arrive en ces
moments funestes que le *chansonnier* de-
vient un prosateur admirable, et que pas
un philosophe n'écrirait mieux que lui!
Quant à ses derniers sourires, ils sont rares;
il faut les chercher dans quelques lettres
pleines de charme, adressées à son ami
Perrotin, à sa femme, à sa fille, à toute
cette maison qui est la sienne, où sont

contenus dans un ordre excellent, et conservés avec un respect tout filial, les pauvres meubles qu'il a laissés. Il sourit aussi à une charmante enfant, Mlle Béga, dont il aimait la grâce et la jeunesse.

« Tu t'ennuies, pauvre fille ! J'en souffre pour toi, je t'assure ; mais, puisque tu te mets à travailler, l'ennui ne durera pas. Le travail, sous toutes les formes, est l'unique remède au mal que tu éprouves...

« Tu me trouves bon : sache que, si je mérite cet éloge, je le dois à ce que de bonne heure aussi j'ai pris note de mes fautes pour m'en corriger d'abord, puis pour juger mes semblables avec indulgence. Continue donc à user de ce procédé que ton bon cœur t'a révélé, et tu croîtras en bonté comme en science. »

Il écrit aussi à Mme Victor Hugo, à sa fille, au grand poëte, à ses deux fils, des lettres d'amitié et d'un accent tout paternel :

« Mon amie, il faut veiller sur ce cœur malade ! Il faut modérer son ardeur, cela dût-il nous priver de quelque chef-d'œuvre. Il en a

fait assez pour sa gloire et celle de la France.
Lamartine a été près de six semaines au lit, dé-
chiré par d'affreuses douleurs rhumatismales.
Le ciel nous en veut-il à ce point de s'en
prendre à nos deux plus grands poëtes ? Mes
prières ne montent donc pas jusqu'à lui ! Hélas!
il y a longtemps que je m'en doute, pour beaucoup d'autres choses.

« Je vous dirai ce que vous savez sans doute
déjà, c'est que l'auteur des deux beaux bustes
de Hugo, David (David d'Angers) nous est
rendu. Il était temps qu'il revît son atelier ; il
serait mort de consomption. Sculpteurs et
peintres ne sont pas aussi heureux que le
poëte, qui porte partout son cabinet de travail.
Vous en savez quelque chose, et je voudrais
bien en savoir autant que vous. »

Un autre jour, il rencontre, errante au
hasard de sa jeunesse et de sa beauté, une
petite-fille du prince de Canino, son ancien
protecteur, et le voilà entourant la jeune
dame et le bel esprit des soins les plus ai-
mables et les plus empressés. Les lettres
à Mme de Solms respirent l'affection la
plus sincère et la plus vive ; elles abondent
en bons conseils, en sérieux avertisse-

ments ; on voit que le poëte est heureux de payer sa dette à la petite-fille de son protecteur.

« Chère fougueuse, petit cheval emporté, et sans frein , je jette au feu mes feuillets, je n'écrirai pas *la Femme qui s'ennuie :* mon roman s'appellera *la Femme qui s'agite.* Tudieu ! comme vous y allez ! La journée a donc quarante-huit heures pour vous ? Quel est ce feu qui vous dévore ! Vous vous userez, chère enfant, prenez-y garde : vous êtes trop répandue; vos amis vous mettront en terre si vous n'en sacrifiez pas la moitié. Il y a plus de gens à Paris qui vous écrivent et auxquels vous écrivez en un mois que je n'en reçois dans toute l'année, et cependant un de mes propriétaires m'a donné congé sous le prétexte que j'usais ses escaliers, tant il vient du monde chez moi. Jugez !

« Pourquoi, puisque vous traduisez des tragédies italiennes en vers français et que votre *Myrrha* a si bien réussi, ne vous attaquez-vous pas à *Camma?* On dit que c'est fort beau. Vous avez dû voir l'auteur, M. Montanelli, chez Lamennais. Il a beaucoup de talent. Voulez-vous que je vous envoie la brochure de *Camma,* si on ne la trouve pas à Aix? Vous savez qu'il a traduit *Médée* en italien, et que c'est meilleur, au dire des connaisseurs, que dans l'original : je le crois sans peine.

« Moquez-vous de moi, chère belle, tant que vous voudrez, vous n'empêcherez que je ne sois noble comme le roi, et vous ne m'enlèverez pas tous les droits que je possède à signer *de* Béranger. Je n'attache aucune importance à la particule qui précède mon nom, mais enfin elle m'appartient réellement.

« Restez toujours indépendante : l'habit ne fait pas le moine ; vous n'avez aucune autre responsabilité que celle de vos actes ; laissez le monde, les journaux, les amis et les ennemis vous désigner comme ils le voudront ; vous ne pouvez pas vous amuser à écrire une lettre imprimée tous les matins pour prier les contemporains de cesser de vous qualifier, afin de plaire à quelques personnes de mauvaise volonté qui ne veulent pas comprendre que vous n'êtes pour rien dans cet excès de zèle. Quant à moi, qu'on m'appelle Béranger ou de Béranger, M. le chevalier de Béranger même, que m'importe ! Je rougirais, pour flatter quelques-uns de mes amis, de déclarer que ce *de* ne m'appartient pas, mais aussi je ne me suis jamais amusé à m'en vanter. Sur ce, chère fée,

que cette grave question ne vous agite plus ;
vous êtes la princesse Esprit, la reine Beauté,
la comtesse Enjouement, et vous n'avez pas de
plus fervent admirateur et courtisan que votre
vieil ami. '

« Le marquis DE BÉRANGER.

« Ca sonne bien, n'est-ce pas ?
« Aimez-vous mieux :

« BÉRANGER,
« Ouvrier en rimes.

« C'est crâne, n'est-ce pas ? Choisissez. »

Cher sourire ! Hélas ! il riait si bien dans
ses beaux jours ! il était si content de la
vie ! il était si fier de ne lui avoir demandé
que les biens qu'elle peut contenir ! Le jour
où son *incognito* (dans la *Closerie des Lilas*)
fut trahi par l'enthousiasme et l'admiration
de ces jeunes filles qui se jetaient, pleu-
rantes et riantes, dans les bras de leur père
Béranger, fut un de ses beaux jours ! Il s'en
souvenait avec joie, avec orgueil !

« Mon fils, disait-il à un docteur en herbe, et
en fleur, je ne suis pas fâché de *mon escapade*
à votre *Closerie*.

« Nouveau venu dans le quartier latin, séparé par plus d'un demi-siècle d'âge des habitués de la *Closerie des Lilas*, j'étais loin de penser, je vous l'assure, monsieur, que là m'attendait un de ces rayons de bonheur qui descendent si rarement sur une tête chauve. Je n'en garderai qu'un souvenir plus reconnaissant pendant le peu de jours qui me sont encore réservés. Dites-le bien, je vous prie, à tous ceux qui ont procuré ce moment de fête au vieux chansonnier contemporain de leurs grands-pères; et moi, monsieur, à ceux de mes amis qui n'ont pas été témoins de ma vive émotion, je montrerai votre très-jolie chanson. Elle leur expliquera d'une manière bien flatteuse pour moi quels sentiments ma présence a éveillés au cœur d'une jeunesse à qui je n'osais demander que la permission de ressaisir l'image d'un passé si loin de moi aujourd'hui, qu'il commence à s'effacer de ma mémoire affaiblie. »

Nous finirons (bien à regret) par ces deux morceaux d'une prose accorte et juvénile, de l'accent même de Jean-Jacques, avec plus de bonhomie et de naturel :

« J'aurais été vous voir hier, ma chère madame, mais Minette m'a fait des siennes : elle a disparu depuis jeudi et n'est pas encore rentrée. Judith est au désespoir , et moi je n'ai pu dormir cette nuit. Si elle reparaît demain, je serai chez vous avant midi; dans le cas contraire, pardonnez-moi ; mais j'aime cette bête ; si elle devait ne plus revenir, nous ne nous en consolerions pas : elle fait partie de ma famille.

« Je rouvre ma lettre pour vous dire que Minette est de retour au logis. Pauvre bête ! il paraît que c'est un caprice pour certain matou du voisinage qui l'a retenue si longtemps. »

Vous rappelez-vous cette fontaine Aréthuse dont les poëtes anciens ont parlé avec tant de piété filiale ; et vous rappelez-vous comme ils en ont parlé? « Une belle et claire source qui roule de petits flots argentés parmi les cailloux du rivage , avec un murmure agréable et charmant. » Pour nous, Béranger est la fontaine Aréthuse ! Il en a le calme et la douceur, le murmure et la clarté. Il allait ainsi doucement, paisiblement à sa dernière heure, entre l'obligeance et la pauvreté !

X

Parfois même, au milieu des tristesses
qui ont assombri ses derniers jours, le poëte
avait des retours sur lui-même, et d'une
voix débile, intelligente et claire, il chantait... il chantait justement ses derniers
jours :

Paris m'a crié : Reviens vite !
Sachons si ta voix a faibli.
Cesse au loin de vivre en ermite ;
Reviens chanter, ou crains l'oubli.
J'ai répondu : Dans ta mémoire,
Paris, laisse mon nom périr.
En vain ton soleil fait mûrir
Grandeur, plaisir, richesse et gloire,
Ici, l'écho me dit tout bas :
    Ne t'en va pas. (*Bis.*)

. . . .

Arbres et flots, oiseaux et roses,
Oui, je vous crois, adieu, Paris.
Je m'amuse aux plus simples choses ;
Quand je pense à Dieu, je souris.

Que me faut-il? Un peu d'ombrage,
Quelques pauvres pour me bénir,
Et, pour le long somme à venir,
Le cimetière du village.
Aussi l'écho redit tout bas :
Ne t'en va pas. (*Bis.*)

Un autre ami lui demandait, les mains
jointes, ce qu'il pouvait faire en ces soli-
tudes, s'il n'était pas fatigué d'y vivre et
s'il ne reviendrait pas bientôt les rejoindre ;
et pour s'abstenir de répondre, il répond à
cet ami par une aimable chanson :

Avec Dieu bien souvent je cause ;
Il m'écoute, et, dans sa bonté,
Me répond toujours quelque chose
Qui toujours me rend la gaîté.

. . . .

Plus d'amour dans l'hiver de l'âge,
Mon cœur en vains soupirs se fond ;
C'est le poisson qui toujours nage
Sous les glaces d'un lac profond.

Pour tes chants sérieux ou lestes,
Crains l'oubli, m'a-t-on répété ;
Travaille et prépare à tes restes
Un parfum d'immortalité.

Mais je n'ai plus goût à l'éloge,
Plus de goût pour rien chansonner ;
S'il fait encor marcher l'horloge,
Le Temps ne la fait plus sonner.

Ce qui l'avait surtout ramené à son point
de départ, c'était le besoin de revoir une
famille qu'il s'était faite. Il avait trouvé
pour l'aimer, pour le défendre, et pour
l'entourer lui et ses œuvres de tous les respects mérités, un très-habile libraire et
très-honnête homme, appelé M. Perrotin.
C'est à M. Perrotin que nous devons ces
belles et nombreuses éditions des chansons
de Béranger, et ce beau livre, embelli par
toutes les ressources du dessin, de la gra-
vure et de tous les arts. C'est à Perrotin,
son libraire, et mieux que son fils, que Béranger aura dû le calme et le repos de ses
derniers jours. Ils avaient souffert pour la
même cause ; ils avaient les mêmes pensées,
une grande communauté d'opinions, et
tout de suite il y eut entre eux une alliance
heureuse, une bienveillance infinie, une
émulation sincère à celui qui rendrait à
l'autre, avec plus de grâce et de bonté, les

plus intelligents et les plus grands services.
Il y eut entre eux deux la tendresse du père
pour le fils, le dévouement du fils pour le
père. Le temps, l'habitude et le succès n'a-
vaient fait que resserrer entre le poëte et
son libraire les liens d'une amitié si ferme,
et Béranger, qui n'acceptait aucun joug, pas
même le joug de l'amitié, avait fini par
s'abandonner entièrement à la tendresse,
à la prévoyance de l'homme excellent qui
devait lui fermer les yeux, et qu'il nommait
déjà tout bas son légataire universel.

Désormais donc il savait quels braves
gens il devait trouver à son lit de mort, les
mains pieuses qui devaient lui fermer les
yeux. Il ne disait pas, comme avait dit
M. de Chateaubriand dans un barbarisme
ingrat : *Je baille ma vie !* Il disait volontiers :
Je suis prêt, mon tour arrive, il faut partir.
Ce refrain de son discours, ce *P. S.* de ses
lettres intimes, avait été le refrain de ses
chansons. En même temps, il comptait tous
les amis qui étaient partis avant lui ; il en
savait le nombre, il redisait leurs noms, il
en contemplait les images, qui étaient le seul

ornement de son humble logis. Il revenait
de toutes ses forces à ses beaux jours d'espérance et d'inspiration. Comme il était
encore un grand marcheur, et que la promenade était son plus vif plaisir, chaque
matin, après sa toilette et son déjeuner bien
modeste, si la nuit avait été bonne et si
l'heure était clémente, il reprenait le cours
de sa promenade ; il marchait d'un bon pas,
et toujours il savait où il voulait aller. Donc
ses amis, et même les gens qui n'étaient
pas ses familiers, mais qu'il honorait de ses
bontés, le voyaient arriver inévitablement,
s'ils avaient une peine, un deuil, une nais-
sance, une joie à lui conter. Étiez-vous
malade, il arrivait, et vous réconfortait par
sa présence et par ses discours. Il avait
toujours à vous donner un bon conseil ; il
savait parfois mieux que vous vos propres
affaires ; il s'occupait surtout de la pauvreté des gens de lettres, et de la prodiga-
lité de celui-ci, de l'imprévoyance de celui-
là. Il partageait volontiers et vivement les
espérances et les inquiétudes de ceux qu'il
aimait, encourageant, consolant ; puis, tout

d'un coup, il vous quittait pour aller à quelque affliction qu'il avait apprise hier ou ce matin; et celui-là qui l'eût vu, cet inconnu cheminant vers la Bastille pour gagner le Jardin des Plantes, longeant les boulevards pour gagner les bords du canal Saint-Martin, ou, quand le ciel était mouillé, s'abritant sous les galeries du Palais-Royal, aurait eu peine à deviner, en ce simple bonhomme, un des hommes les plus considérables, les plus aimés, les plus honorés, les plus heureux de cette nation, un de ces grands esprits tels qu'il en faut aux grands Etats, un homme dont la voix était acceptée, et qui d'un mot pouvait vous glorifier ou vous abattre.

Cet inconnu dans la foule, il pouvait frapper aux portes les plus hautes, et ces portes se seraient ouvertes. Il était le roi de l'opinion publique et l'ami des honnêtes gens. Ceux qui le connaissaient s'arrêtaient souvent pour le saluer de l'âme et du cœur; et s'il rencontrait une foule, aussitôt la foule, émue et pénétrée, arrêtait sur cet ami du peuple un doux regard d'admira-

tion, et de respect. Ainsi, tant qu'il a pu
marcher dans la rue ou dans la campagne,
il s'en allait rêvant, et parfois arrangeant
et composant encore dans sa tête féconde
et laborieuse un de ces petits drames qu'il
disposait avec tant de génie et tant de
goût. — Mais, disait-il un soir, ce sont
des chansons que je me raconte à moi-
même, car je n'ai pas le courage de les
écrire. Il écrivit cependant ses adieux à
cette patrie qui lui avait témoigné tant de
confiance, à ce Paris, la grande cité dans
laquelle il était revenu pour y mourir :

France, je meurs ; je meurs, tout me l'annonce.
Mère adorée, adieu. Que ton saint nom
Soit le dernier que ma bouche prononce...

.   .   .   .

Demi couché je me vois dans la tombe.
Ah ! viens en aide à tous ceux que j'aimais.
Tu le dois, France, à la pauvre colombe
Qui dans ton champ ne butina jamais.
Pour qu'à tes fils arrive ma prière,
Lorsque déjà j'entends la voix de Dieu,
De mon tombeau j'ai soutenu la pierre ;
Mon bras se lasse ; elle retombe. Adieu !

Au mois de septembre 1856, il perdit sa fidèle compagne : Mlle Judith Frère fut prise du mal qui l'emporta. Il entoura sa vieille amie de tous les soins imaginables; il ne quitta pas sa chère malade un seul instant; il la servit la nuit et le jour, pendant dix mois, et, quand elle s'éteignit en le bénissant, il se trouva si faible et si fatigué, que ce fut tout au plus s'il put se traîner jusqu'à l'église. On le ramena chez lui très-malade. « Hélas! disait-il à M. Antier, son plus vieux et son plus fidèle ami (ils habitaient dans la même maison de la rue de Vendôme), tu as bien fait de me ramener, je n'ai pas la force d'aller plus loin. Mon heure est venue : avant six mois je serai mort. » Il disait cela d'une voix très-calme, et, comme il vit que ses amis l'écoutaient avec terreur, il cessa de le dire, afin de ne pas affliger ses amis. Véritablement sa maladie était mortelle : il se mourait de la maladie de Balzac et de Frédéric Soulié... il était atteint d'une hypertrophie au foie et au cœur. Il le savait, et, par une immense ironie, il interrogeait les médecins de l'air le plus naïf. « Ils savent bien ce que j'ai, disait-il à M. Antier, qui ne le quittait pas, mais je le sais aussi bien qu'eux. » Puis, comme il les voyait très-attentifs à son mal : « Allons, disait-il, guérissez-moi si vous pouvez, je le veux bien... et pourtant la belle machine à réparer, un vieux bonhomme de soixante-dix-sept ans, qui n'est plus bon à rien en ce monde !... Et surtout, mes amis (c'était son vœu), empêchez-moi de souffrir. » Tant ses douleurs étaient vives et supérieures même à sa patience !

Il n'avait jamais été ce qu'on appelle un homme bien portant ; son enfance avait été malingre, et, dès sa première jeunesse, il était sujet à de violentes migraines. Son âge mûr fut signalé par de graves maladies ; il s'était tiré d'affaire à force de tempérance et d'attention sur lui-même ; car ce grand inspiré du vin de Champagne et du vin de Chambertin n'en buvait guère. « Sauver mon sucre et mon café, » disait-il ; il n'eût jamais dit : « Sauver mon vin de Bourgogne ou mon vin de Bordeaux. »

Il était la modération même; sa grande orgie
se composait surtout d'*abondance*. — Il ne
croyait pas à la médecine, et cependant il
eut pour ses médecins les plus grands médecins du monde : Antoine Dubois, qu'il
appelait son ami; M. Chomel; le docteur
Bretonneau; et, dans sa dernière et cruelle
maladie, avec le docteur Charles Bernard,
qu'il appelait son fils, le célèbre docteur
Trousseau, une volonté ferme, une intelligence élevée, un noble esprit, fait pour
comprendre les soins, le zèle et les respects
mérités par certains hommes d'une espèce
à part, dont la vie est une gloire nationale
et la mort une calamité publique.

Il mourut comme il avait fait toute
chose; avec courage et simplement. Il sou-
riait, il se plaignait, il se taisait. Il avait
la fièvre, il dormait peu, il dormait mal.
Bientôt ses nuits devinrent un long sup-
plice; il ne se calmait un peu que sur le
midi : alors on le voyait revivre. Il se faisait descendre, au soleil de mai, dans le
petit jardin de la maison : là, ses amis venaient le voir; il les recevait à merveille;

il aimait à les entendre, il s'efforçait de leur parler; puis, quand le soleil et ses amis étaient partis, il fallait le remonter péniblement à son quatrième étage, et ce quatrième étage à franchir était une de ses tortures. Il y avait déjà plus de dix ans (on ne le sut qu'à ses derniers jours) qu'un escalier à monter était, pour ce brave homme au cœur malade, une tâche horrible, et cette nécessité de sa pauvreté, et de tant de misères dont il était l'espérance et la consolation, qui le forçait à gravir des hauteurs mortelles, nous force une dernière fois à nous arrêter sur la vertueuse obstination de ce noble et courageux vieillard, qui veut vivre uniquement du peu qu'il a gagné par son génie, et qui n'a pas songé un seul jour à rien accepter de personne, après avoir donné lui-même à tant de malheurs tout ce qu'il pouvait retrancher à son pain de chaque jour. C'était là tout son orgueil : vivre à son compte ; et, content de sa pauvreté, il disait, comme Jean-Jacques Rousseau à lord Maréchal : « Sachez, mon cher ami, que je n'ai pas besoin de ce qui

me manque. » Pour conserver cette austère
indépendance, Béranger avait été de très-
bonne heure le ménager le plus attentif et
le plus sévère pour lui-même. Il s'était
adonné à toutes les économies, même im-
possibles ; il rêvait au phalanstère ; il avait
essayé de la maison de santé, de la pension
bourgeoise ; il s'en faut de très-peu qu'il
n'ait voulu tâter de l'hôpital. Nous lui di-
sions un jour : « Savez-vous que nous
avons vu, tout à l'heure, un poëte de vos
amis dans un hospice admirable ! Il habite
une chambre au soleil, au milieu d'un jardin, une chambre historique et mortuaire,
où sont morts déjà plusieurs écrivains et
plusieurs artistes : M. Soulié, conservateur
à la bibliothèque de l'Arsenal, et M. Urhan,
l'alto de l'Opéra, qui, au milieu de cet or-
chestre enchanté, n'avait jamais regardé
une danseuse. — Bon ! répondit Béranger,
donnez-moi l'adresse de ce bel hôpital, ça
peut servir. » Et il écrivit : « *Memento* :
Les frères hospitaliers de la rue Plumet. »

Béranger était, un matin, chez M. le
maréchal Sébastiani, qu'il aimait en sou-

venir de ses beaux jours. Le maréchal était
très-riche et très-vieux. Sur sa table on
pouvait voir un portefeuille tout rempli de
fortune : « Mon ami, mon poëte, dit-il à
Béranger (c'est le maréchal lui-même qui
a raconté cette histoire), peu d'hommes
ici-bas m'ont autant charmé et consolé que
vous. Là, voyons, que je m'acquitte une
fois pour toutes. Vous êtes pauvre, et nous
sommes seuls ; j'ai tant de rentes en ma-
jorats, tant de rentes en pensions, tant de
manoirs, de fermes, d'hôtels, et puis, dans
ce portefeuille, des *bons du Trésor*, des
canaux, des billets de banque, mille va-
leurs. Prenez, je vous prie, un de ces pa-
piers que voilà. Mon portefeuille en sera-
t-il moins garni? Vous, cependant, vous
aurez un peu d'aisance, et j'en serai tout
heureux. » Il allait continuer sur ce ton,
mais Béranger : « Monsieur le maréchal,
lui dit-il en se levant, il est écrit : « Ne
« nous laissez pas succomber à la tenta-
« tion. » — Il est écrit aussi : « Délivrez-
« nous du mal, » reprit le maréchal. Mais
le poëte était bien loin, et oncques le ma-

réchal ne le revit, qu'au jour de sa peine et de son deuil (1).

Il y a cependant des gens, des hommes dévots, qui ont parlé de l'avarice et des pensions de Béranger! Ces tristes violences indignaient les amis du poëte, mais lui-même il ne s'en inquiétait guère. Il était de l'avis de son bon frère La Fontaine :

> Anacréon et les gens de sa sorte,
> Comme Waller, Saint-Évremond et moi,
> Ne se feront jamais mettre à la porte ;
> Qui n'admettrait Anacréon chez soi ?
> Qui bannirait Waller et La Fontaine ?

Et Béranger, pour compléter la chanson, ajoutait ces deux vers :

> Qui bannirait Waller et La Fontaine ?
> Qui n'admettrait un Béranger chez soi ?

Cependant Béranger se mourait ; il avait beau cacher sa mort comme il avait caché

(1) « Je vous ferai dix mille livres de rentes, disait un ministre à Béranger. — Je le veux bien, mais où diable les prendrez-vous ? » répondit-il.

sa vie, il y eut un jour où cette terrible
nouvelle devint un événement public, et
soudain la ville entière entra en grand souci
de la santé de son poëte. On vit accourir,
de toutes parts, autour de la maison funèbre, une foule attentive, émue et toute
en deuil. On s'interrogeait du regard;
chaque matin il fallait donner le bulletin
de cette chère et précieuse santé. A son lit
de mort étaient accourus les disciples de
ses belles années, les amis anciens ou nouveaux de sa vieillesse : M. Villemain, M. Mignet, M. Henri Martin, M. Lebrun son
ami, son camarade, et enfin M. l'abbé
Jousselin, l'ancien curé de Passy et maintenant curé de Sainte-Élisabeth, dont Béranger était devenu le paroissien pour la
seconde fois. Il les encourageait, il les con-
solait, il leur disait adieu. Surtout, dans
ces visites suprêmes, qu'il recevait volontiers, aussitôt qu'il pouvait entendre ou
qu'il pouvait parler, car souvent il revenait
d'un accablement passager à une grande
liberté d'esprit, il fut touché des visites
assidues et de l'accent de M. Thiers; il l'a-

vait connu jeune homme, et tout de suite
il l'avait adopté dans cette illustre maison
de M. Jacques Laffitte, où Béranger était
un oracle! Il aimait l'esprit de M. Thiers,
il aimait son discours, il admirait cette ingénieuse repartie et ce talent prime-sautier
avec lesquels son propre talent avait une
certaine analogie. Aussi bien, l'un et l'autre
ils étaient des libéraux d'ancienne daté ;
ils avaient eu les mêmes amitiés, ils avaient
partagé les mêmes rancunes, ils avaient
assisté aux mêmes funérailles, ils avaient
aimé, de la même passion, les saines li-
bertés de la parole, ils avaient adopté le
même héros, l'Empereur, qui reste à la
fois l'Empereur de M. Thiers et l'Empereur
de Béranger ; ils lui reprochaient les mêmes
fautes, et, dévoués à sa gloire, ils le châ-
tiaient de la même sentence, au nom même
de la liberté.

Et lorsque l'un et l'autre, à ce lit de
mort, Béranger et M. Thiers se rencon-
traient dans une fortune et dans une œuvre
si différentes, ces deux hommes ne pou-
vaient guère ne pas s'embrasser étroite-

ment au moment des adieux suprêmes,
comme deux frères qui se reconnaissent à
certains signes de la même famille. Au de-
meurant, l'histoire a toujours aimé et fa-
vorisé ces dernières entrevues des grands
poëtes et des grands artistes. Elle se plaît
à ces adieux solennels; elle est contente
des paroles suprêmes que se disent l'un à
l'autre deux grands esprits qui ne doivent
plus se revoir; elle prend sa part de leur
douleur, elle en tire des leçons, des conseils, des espérances. — « Eh bien, disait
Béranger à M. Thiers, vous voilà délivré
de la politique, et vous appartenez tout
entier à ce beau livre, l'*Histoire du Consulat
et de l'Empire*, où j'ai rencontré tant de mes
propres sentiments!... »

En même temps il tendait la main à
M. Thiers, qui la prenait dans ses deux
mains, pleines de pitié et de respect! Ils
se sont vus plusieurs fois l'un et l'autre, et
le dernier jour, quand il fallut se séparer,
quand Béranger prit congé de M. Lebrun, de M. Mignet, de M. Villemain, de

M. Cousin et de M. Thiers, ses yeux se remplirent de larmes :

« Adieu, mes amis, disait-il, adieu ! Vivez ; et vous aurez même ici-bas un monde meilleur ; c'est la volonté de Dieu que les hommes cessent de tant souffrir... *Il y est obligé...* »

Puis, après un moment de réflexion :

« *Obligé* est le mot, » dit-il à ses amis, attentifs aux dernières émotions de ce grand cœur.

Jusqu'à la fin, il fut entouré de ses amis, MM. Antier, Chevalier, Thomas, Borie, et de son ami, disons mieux, de son *fils* Perrotin, qui se disputaient l'honneur de veiller sur les nuits dernières du poëte agonisant.

Du 21 au 29 juin, par les plus fortes chaleurs de cette cruelle année, il se débattit contre ce mal implacable. Au premier juillet, le soleil s'étant calmé, il eut

quelque relâche., On crut qu'il allait ex-
pirer le 14, le jour anniversaire de la
prise de la Bastille... Il expira deux jours
plus tard, le 16 juillet 1857, à quatre heures
trente-cinq minutes du soir. A peine mort,
cette noble tête intelligente prit soudain,
disait un témoin oculaire, *un caractère de la
plus grande beauté !*

Et le lendemain, à travers cette ville en
deuil, son cercueil, escorté par une armée
entière, fut porté en grande pompe au
tombeau de Manuel. S'il eût fallu pour ce
tombeau une inscription empruntée à quelque grand poëte, on l'eût trouvée toute
faite dans les chansons de Béranger :

> On parlera de sa gloire
> Dans le peuple bien longtemps.

FIN DU SECOND VOLUME.

2916.— Paris, impr. JOUAUST, rue Saint-Honoré, 338.